高职高专"十二五"连锁经营管理专业规划教材

店员操作实务

童宏祥　　王晓艳　　主　编
林品宽　　张歆悦　　副主编
　　　　　钟志明　　主　审

上海财经大学出版社

图书在版编目(CIP)数据

店员操作实务/童宏祥,王晓艳主编. —上海:上海财经大学出版社,2013.5

(高职高专"十二五"连锁经营管理专业规划教材)

ISBN 978-7-5642-1609-2/F·1609

Ⅰ.①店… Ⅱ.①童…②王… Ⅲ.①商店-商业服务-高等职业教育-教材 Ⅳ.①F717

中国版本图书馆 CIP 数据核字(2013)第 072346 号

□ 责任编辑　台啸天
□ 电　话　021-65903667
□ 电子邮箱　exyliu @ sina. com
□ 封面设计　钱宇辰
□ 责任校对　卓　妍　赵　伟

DIANYUAN CAOZUO SHIWU
店 员 操 作 实 务

童宏祥　王晓艳　主　编
林品宽　张歆悦　副主编
钟志明　主　审

上海财经大学出版社出版发行
(上海市武东路 321 号乙　邮编 200434)
网　　址:http://www. sufep. com
电子邮箱:webmaster @ sufep. com
全国新华书店经销
上海华教印务有限公司印刷装订
2013 年 5 月第 1 版　2013 年 5 月第 1 次印刷

700mm×960mm　1/16　9.25 印张　176 千字
印数:0 001－4 000　定价:31.00 元
(本教材有电子课件,欢迎向责任编辑索取)

总　序

  教育部在《2010 年国家级教学团队建设通知》中指出：探索教学团队在组织架构、运行机制、监督约束机制等方面的运行模式，改革教学内容和方法，开发教学资源，促进教学研讨和教学经验交流，推进教学工作传、帮、带，提高教师的教学水平。根据教育部关于教学团队建设的有关精神，笔者建立了以专业或专业群带头人命名的专业工作室，探索教学团队的模式、组织架构和运行机制。专业工作室的宗旨是在教育职能部门的指导下，贯彻《国家中长期教育改革和发展规划纲要》和《上海市中长期教育改革和发展规划纲要》的精神，以工作室为平台、以职业院校为依托，广泛吸收社会资源，结合专业或专业群的建设，探索职业教育专业人才培养模式，开展多视角、多层面的校企合作，提升职业教育的水平。

  童宏祥专业工作室由职业院校、行业协会、连锁企业、软件公司和出版社等单位的专家、教授、业务经理、软件工程师、编辑、骨干教师、操作层面的能工巧匠所构成，根据职业教育教学改革发展的要求，适时地组成若干项目组，开展专业教学研究，策划组编中高职连锁经营管理专业系列教材，指导青年教师企业实践，开设专业讲座，研发专业教学实训软件，协办各级连锁职业技能大赛，建立连锁经营管理专业群实习基地，为学生提供实习和就业岗位。

  本系列高职高专"十二五"连锁经营管理专业规划教材主要包括：《连锁经营管理实务》、《店员操作实务》、《店长管理实务》、《区督导与区经理管理实务》、《连锁企业财务管理实务》、《连锁企业信息化实务》、《连锁企业物流基础》、《连锁门店情境英语》、《连锁门店情境日语》、《电子商务》、《连锁门店运营综合模拟实训》等。

  童宏祥专业工作室衷心希望为全国各职业院校连锁经营管理专业或专业群建设提供一个交流、合作平台，愿与职业教育领域的同仁和企业界的朋友共同探索多元化校企合作的模式，真正实现专业工作室的奋斗目标。

童宏祥专业工作室

2012 年 8 月

前　言

随着我国对外经济开放的深入,以肯德基为代表的全球型连锁集团正以快速的步伐全面进入中国市场。随着海峡两岸友好关系的发展,统一便利超商等台资零售服务大型连锁集团凭借共同的人文优势在中国内地市场大举扩张。随着我国经济体制的改革,国内的零售连锁业也崛地而起。连锁行业的急剧发展亟须大量的、符合连锁经营企业要求的店员。

高职高专"十二五"连锁经营管理专业规范教材由上海立达职业技术学院与台湾醒吾科技大学共同策划,其中《店员操作实务》是在借鉴台湾醒吾科技大学在连锁经营管理专业成功经验的基础上,在中国内地台资连锁企业的支持下,由上海立达职业技术学院与台湾醒吾科技大学的老师,以及连锁企业的专家协同完成编写。

《店员操作实务》课程是高职高专连锁经营管理专业的一门专业技能核心课程,其前延课程是《连锁经营管理实务》,后续课程是《店长管理实务》、《连锁门店运营模拟实训》课程。编者基于现代职业教育的理念,以就业为导向、以工作过程为主线、以职业岗位能力为核心、以职业素质为基点构建教材的架构,确定教材的内容,选择相关的知识与技能。教材有下列四个方面的特色:

一是教材结构对接工作情境。教材从一个学习者的视角,介绍了连锁企业门店店员的主要工作岗位及基本工作过程。

二是教材内容突出职业性。教材以连锁企业超市为背景,围绕门店运营过程这一主线,以店员岗位职责为基本依据,选择相关的基础理论和专业知识技能,突出理论为实践服务的理念,显示出职业性的特征。

三是课程目标衔接职业标准。教材的编者来自连锁企业门店店长,引入了连锁企业运营手册的要求,直接融入了企业职业标准。

四是教材理念多元化。教材更多的是依据台湾连锁经营企业的管理与操作要求,在专业教学内容中注入了多个新的教学元素,如以小组团队的形式开展学习体验和做学一体化教学结构的设计。

《店员操作实务》是编者根据连锁经营管理专业的培养目标而设置的,也是全国第一本独立专业教材。本教材自成体系,内容详实、应用性强,可作为高等职业技术学院和应用型职业本科连锁经营管理专业课程教材,也可作为企业对店员的培训教材。

　　本书由上海立达职业技术学院立达醒吾商贸管理学院院长童宏祥教授、连锁经营管理专业主任王晓艳共同担任主编,由台湾醒吾科技大学行销与流通管理系林品宽博士与上海立达职业技术学院张歆悦担任副主编,由台湾醒吾科技大学研发长钟志明博士担任主审。具体编写的分工是:上海立达职业技术学院张歆悦(项目一),上海立达职业技术学院卢香竹、方海霞(项目二任务一、任务二),上海立达职业技术学院上海立达职业技术学院童宏祥(项目三),上海立达职业技术学院王晓艳(项目四),统一超商(上海)便利有限公司立达门店店长罗佳(项目五),台湾醒吾科技大学校长特助王建华博士(项目六),台湾醒吾科技大学行销与流通管理系林品宽博士(项目七),统一超商(上海)便利有限公司营运处人力开发经理成俊颖(项目八)。本书在编写过程中参考了大量相关领域的文献,在此向有关著者谨表示诚挚的谢意。由于时间与水平有限,书中难免有错误或纰漏,恳请同行和专家不吝赐教。

编　者

2013 年 2 月

目　录

项目一　步入业界——店员岗前培训

- 了解门店的基本概况
- 熟悉店员的工作分类
- 明确店员工作守则的主要作用
- 掌握店员的专业知识要求及工作流程
- 具备店员工作岗位的基本知识

项目导入

　　店员是连锁经营企业门店对消费者直接服务的工作人员，是门店与消费者沟通的直接桥梁。新员工在上岗前，必须进行岗前培训，了解连锁经营企业和门店的组织机构，熟悉店员的分类及工作的基本要求，掌握店员的工作守则，这是走上工作岗位的最基本起点。

　　店员是连锁企业最基层岗位，也是一个管理者成长的起点。王彦同学是连锁经营管理专业的一名学生，带着这些认同感，认真学习店员的工作分类、店员的专业知识要求、店员工作的基本流程、店员的工作守则等知识，为将来的成长打好基础。

任务一　了解连锁经营企业与门店组织架构

　　连锁经营企业组织结构是指连锁经营企业全体员工为实现企业目标而进行的分工协作，在职务范围、责任、权力方面所形成的结构体系，展示组织内的等级与权力、角色与职责、功能与关系。连锁经营企业门店是总部政策的执行单位，是直接向顾客提供商品及服务的单位。

一、连锁经营企业组织

1. 连锁经营企业组织结构

连锁经营企业组织架构是公司内部组织分工协作的基本框架,表明组织各部门的排列顺序、空间位置和各部门之间的相互关系,上下级部门线条要清晰,横向部门职能界定要明确,部门之间的关系要协同。由于企业规模不同、市场定位不同、经营范围不同,组织结构会有所差异,但基本框架是大同小异,其主要包括最高领导层、人力资源部、商品采购部、运营部、物流部、财务部和工程部等(见图1—1)。

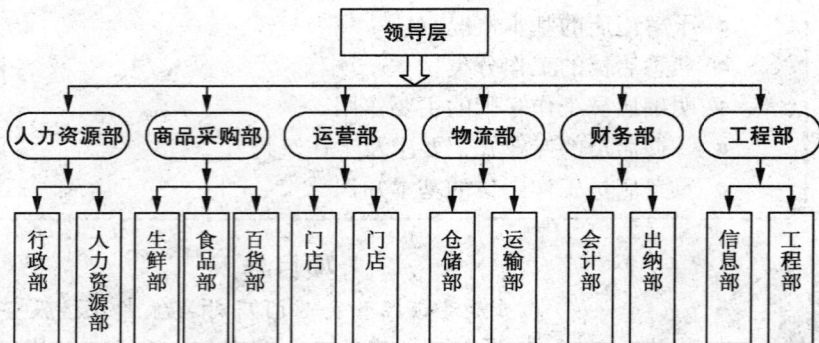

图 1—1   连锁经营企业组织架构

2. 连锁经营企业组织管理架构

连锁经营企业组织管理架构是与该公司的组织架构及经营目标相一致的,通常是直线领导,上下级线条清晰,各级管理者都有相应的人员作为助手。由于连锁经营企业的规模不同、经营目标不同、组织结构不同、管理理念不同,因而组织管理架构会有所不同,管理者的称谓也有差异。图1—2是一个中型连锁超市有限公司的组织管理结构,其分为四级,即高层管理、中层管理、基层管理、普通员工。

二、连锁经营企业门店组织

1. 连锁超市门店组织结构

连锁超市门店组织结构是根据企业性质、业态特征、经营范围、商品结构等因素而设置的组织框架,显示各部门的排列顺序、部门之间的协同关系。连锁超市门店通常由店长直接管理,同时下设副店长或店长助理、组长和员工等工作岗位。店长是门店的经营管理者,执行总部的指令,负责对门店的人、财、物进行有效的管

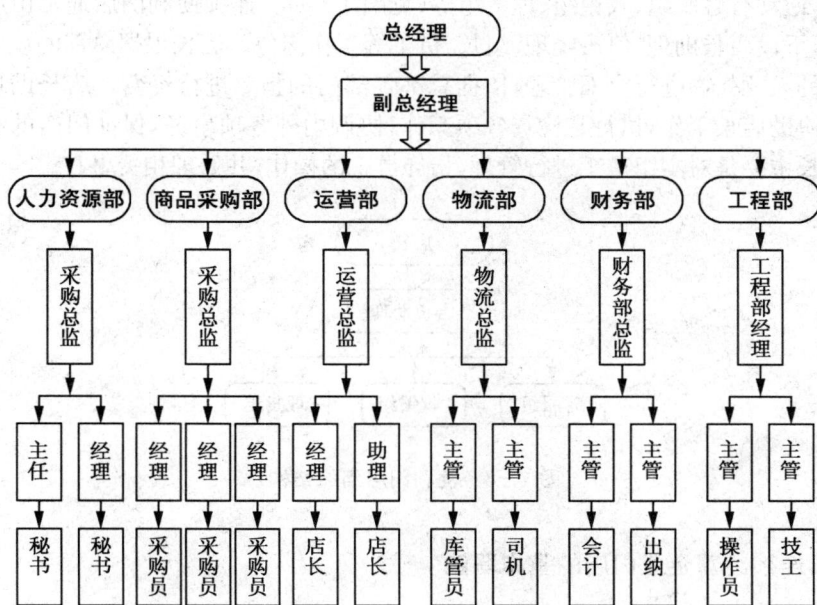

图1—2　连锁经营企业组织管理架构

理,协调门店经营中出现的各种问题,提升销售业绩,实现门店预期经营目标。副店长或店长助理是店长的助手,协助店长执行工作计划中规定的各项具体工作,检查实际作业的效果,并与店长轮早、晚班。组长与员工是各部门具体工作的操作者,根据岗位工作职责,积极完成各项工作。

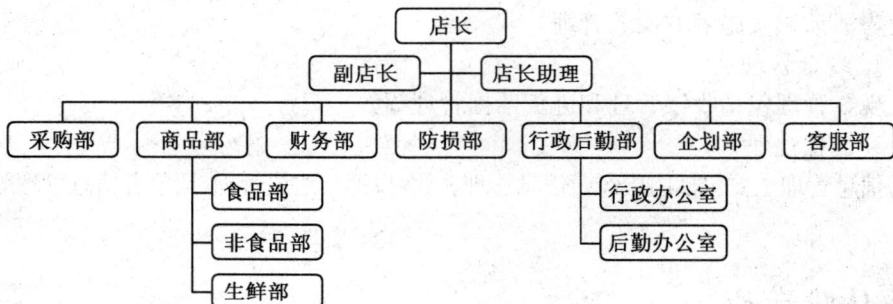

图1—3　超市门店组织结构

2. 便利门店组织结构

连锁便利门店组织结构比较精简,有许多岗位不像连锁超市分得较细,往往具有

店员操作实务

多重性,通常有客服组、收银组、理货组等(见图1-4)。连锁便利门店通常由店长负责管理,下设店长助理、值班经理、组长、员工等工作岗位。店长根据总部的规章制度对门店的人、财、物进行全面管理,依据总部各部门的指令进行经营。店长助理或值班经理协助店长工作,执行与检查各项工作,协调内外各项事务,保证门店的有效运营。组长主要是对本组员工进行管理,指导员工的操作,并处理相关事宜。

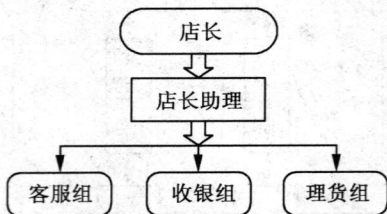

```
           ┌──────────┐
           │   店长   │
           └────┬─────┘
                ↓
           ┌──────────┐
           │ 店长助理 │
           └────┬─────┘
        ┌───────┼───────┐
        ↓       ↓       ↓
   ┌────────┐┌────────┐┌────────┐
   │ 客服组 ││ 收银组 ││ 理货组 │
   └────────┘└────────┘└────────┘
```

图1-4 便利门店组织结构

三、连锁经营企业门店的基本职能

1. 店面环境管理

店面环境管理主要包括门店的外观管理以及气氛营造、卫生管理、经营设施管理等店内的环境管理。

2. 人员管理

人员管理主要包括员工管理、顾客管理以及供应商管理。

3. 商品管理

商品管理主要包括商品质量、商品缺货、商品陈列、商品盘点、商品损耗以及商品销售活动的实施等方面的管理。

4. 现金管理

现金管理包括收银管理和进货票据管理等。

5. 信息管理

信息管理主要包括门店经营信息管理、顾客投诉与建议管理、竞争者信息管理等。

体验活动

一、活动背景

在结束本项目任务一的学习后,根据自愿组合的原则,将学生按6~8人组成一个学习活动小组,形成竞争态势。每个学习活动小组由1位组长与若干组员组成,组长轮流担任,共同参与实地考察体验活动。

二、活动要求

请根据下列栏目的要求,上网查找一个连锁经营企业总部的组织架构及部门主管。

连锁经营企业名称	
总部主要部门名称	部门主管及成员

任务二　熟悉店员的工作要求

店员是在门店内销售商品、管理商品、服务顾客的工作人员,其主要有收银员、导购员和理货员等,通常是在大型超市设置的岗位。收银员、导购员和理货员必须了解自己的工作岗位职责、工作流程和知识技能等方面的要求。

一、店员的专业知识要求

1. 商品管理基础知识

(1)商品的分类

商品分类是指对连锁经营企业所有经营商品依据一定原则进行分门别类,并赋予一定代号。其方法主要有两种:一是以层级分类,可分为大分类、中分类、小分类和单品四种形式。其中大分类是按商品的特性来划分;中分类是按商品的用途、加工和产地顺序进行划分;小分类是按商品用途、规格与包装形态、商品成分、商品

店员操作实务

口味进行划分;单品是按商品的尺寸、颜色、规格、价格、式样等进行划分。如食品(大分类)下设快餐面(中分类),其下设海鲜味(小分类),再下设 250 克(单品)。二是以商品群分类,一般分为主力商品、辅助商品和关联性商品三种形式。其中主力商品是指所完成的销售量或销售金额在门店销售业绩中占主导地位的商品;辅助商品是指在价格、品牌等方面对主力商品起辅助作用的商品,或以增加商品宽度为目的的商品;关联商品是指与主力商品各辅助商品共同购买、共同消费的商品。

(2)商品的组合

商品组合是依据商品的属性、营销策略和商品功能,按照一定的系统规律构成的若干个商品系列的销售组合,有季节性商品组合法、假日性商品组合法、便利性商品组合法和功能性商品组合法等。其中季节性商品组合法是根据季节性原则对商品进行组合,如秋令滋补商品群等;假日性商品组合法是根据节假日的特点对商品进行组合,如中秋节前夕的月饼系列商品群等;便利性商品组合法是根据便利性消费的特点对商品进行组合,如快餐面系列等;功能性商品组合法是根据商品功能性消费的特点对商品进行组合,如厨房用品系列等。

(3)畅销商品的管理

畅销商品的管理要做到适时调整和有效管理。适时调整是指畅销商品根据季节、顾客明显消费特征和产品周期进行调整。有效管理是指畅销商品要做到优先采购、优先存储、优先配送、优先上架、优先促销。

(4)滞销商品的管理

处理滞销品可通过展示促销、对比促销、捆绑销售、赠品商品等方法,最大限度地减少门店的损失。其中展示促销主要是调整滞销品的陈列方式,相应扩大陈列位置,尽可能地吸引消费者眼球;对比促销是将同品种商品进行高低价位的对比陈列,突现滞销品的价格优势;捆绑销售是季节性商品一同进行捆绑销售,或买一送一;赠品商品是购买一定数量的商品后,赠送这类商品。

2. 商品陈列基础知识

商品陈列是指运用一定的技术和方法对商品布局进行管理,展示商品的工作。其目的是提供商品最新信息,刺激顾客的购买欲望,给予顾客购物导向,创造舒适的购物环境,提升门店的服务形象。

(1)商品的陈列设备

商品的陈列设备主要有货架、商品橱、陈列柜、展示台、端架等。其中货架有靠壁型的单面架和通道型的双面架两种,是门店陈列商品的主要设施;商品橱通常陈列轻薄短小且高级精致的商品,配合灯光照明更可衬托出商品的品质;陈列柜适应主力商品的陈列,体现商品的价值;展示台一般用于商品的展示演出,以较有设计变化的高低台、平面台、角度台及其他不规则形状的陈列面,展现商品的特色与魅力;端架是指在整排货架的最前端及最后端,也就是顾客购物路线的转弯处,是顾客经过频率最高的地方,也是最佳的陈列位置。

（2）商品的陈列方法

商品的陈列方法主要有整齐陈列法、随机陈列法、端头陈列法、盘式陈列法、岛式陈列法、悬挂式陈列法等形式。整齐陈列法是指将单个商品根据货架的尺寸确定商品长、宽、高的排面数进行整齐地排列的方法。其突出了商品的量感,适用于折扣率高和季节性的商品,通常配置在中央陈列货架的尾端或两端;随机陈列法是指在确定的货架上随意地将商品堆积的方法,主要适用于特价商品;端头陈列法是指在门店最能引起顾客注意力的场所,陈列特价品、新产品和利润高的商品;盘式陈列法是指将非透明包装箱的上部切除,将包装箱的底部作为商品陈列的托盘,以显示商品包装的促销效果;岛式陈列法是指在超级市场的进口处、中部或者底部不设置中央陈列架,而配置陈列用的特殊展台陈列商品的方法,其陈列的用具一般是冰柜、平台、大型的货柜和网状货筐等;悬挂式陈列法是指将商品悬挂在固定的、可转动的、装有挂钩的陈列架上的陈列方法,能使商品产生立体感的效果。

3. 门店营销基础知识

以不同的营销手段提高商品的销售,是店员所应具备的主要技能,其主要有现场操作演示、现场尝吃食品、现场试用商品、现场试穿服装、现场营造气氛等具体形式。其中现场操作演示是指将产品造型、性能、具体的制作方法、使用方法直观形象地展示给消费者看,以行为吸引顾客;现场尝吃食品是指在门店进行制作或直接将现成食品给消费者亲自尝吃,让消费者亲自感受到食品的味觉,刺激其购买该食品的欲望;现场试用商品是指在现场直接将商品供消费者亲自试用,让消费者亲自感受到商品的功能,刺激其购买该商品的欲望;现场试穿服装是指在门店允许消费者亲自试穿,让消费者亲自感受到面料的质感、合身的程度和立体的美观,刺激其购买该服装的欲望;现场营造气氛主要包括 POP 广告、音乐和多媒体广告等形式,以吸引顾客的注意力。

4. 收银操作基础知识

收银操作是店员的主要工作之一,应了解有关作业要求及作业规范。

（1）收银作业要求

收银作业的基本要求:身上不可带现金;收银台上不能放私人物品;不得擅自离岗位;熟悉有关商品的价格;熟练掌握收银操作要求。

（2）收银作业规范

收银作业规范的基本要求:填写接管日报表、交班簿,清点交班金,清点当班实收现金;上班前应检查印表机的列印是否清楚;当收银机出故障时,应立即通知有关主管,不得自行修理;不使用收银机时,应锁好收银柜和收银机,长时间离岗时,应将收银柜中的现金存回保险柜;要熟记折免、接待、内部消费等条件,防止收银错误。

5. 客服礼仪基础知识

店员的着装、仪容仪态、沟通能给顾客留下第一印象,能显示门店的经营风格,对门店的销售会产生最直接的影响。

(1)店员着装的基本要求

店员着装的基本要求有三个方面:一是职业性。店员制服的设计或选用要符合连锁企业的工作性质,制服着装能激励员工产生一种向心力和归属感。二是整洁性。店员的着装干净整洁,能给消费者带来一种清新的感觉,能激起购买的欲望。三是整体性。通常连锁企业提供的制服仅有上衣或围裙,因此服装搭配要显得落落大方,要与自身体型相符,展现自己的最佳外形。

(2)店员仪容仪态的基本要求

良好的仪容仪态是连锁经营企业门店的重要形象,在服务周到的同时也给消费者带来了美的享受。具体要求有三个方面:一是仪容整洁。女性化妆要自然大方,淡妆为宜;男性头发要保持清洁,不留长发和胡须,以最佳的仪容面对消费者。二是良好的个人卫生习惯。要做到勤洗手、勤剪指甲、勤换衣服、勤洗澡,上班前不要吃带异味、刺鼻的食物,不要饮烈性酒,以免使顾客产生厌恶情绪。三是站姿优雅。女性站姿,身体离开柜台约一拳左右,两手自然下垂,也可在腹前交叉,左手在前握住右手,两手大拇指叠于掌心内侧;男性站姿,双手在后背交叉,右手在内,左手在外,两手大拇指置于掌心处,双脚分开与肩同宽,两眼注视前方,目光亲切自然。

(3)店员与顾客的沟通要求

店员应善于运用体态语言,选用恰当的词语,辅以合适的语气与顾客进行沟通。具体方法是:端庄的坐姿或站姿,以良好的精神状态去面对顾客,显示出对顾客的尊重;身体微微前倾,目光接触,并不时地点头,表现出对顾客说话内容的关注或赞同;表情中流露出真诚,并面带微笑,让顾客感受到友善;与顾客沟通的内容要清晰,声音要柔和,避免产生误解。

二、店员工作的基本流程

店员的工作流程大致分为营业前、营业中和营业后三个阶段。各阶段的主要工作内容如图 1—5 所示。

1. 营业前的主要工作

(1)参加晨会

店员在每天早晨上班前必须参加晨会,由店长主持。召开晨会的目的有三个:一是明确当日工作目标。由店长总结前个工作日的经验教训,提出具体的工作要

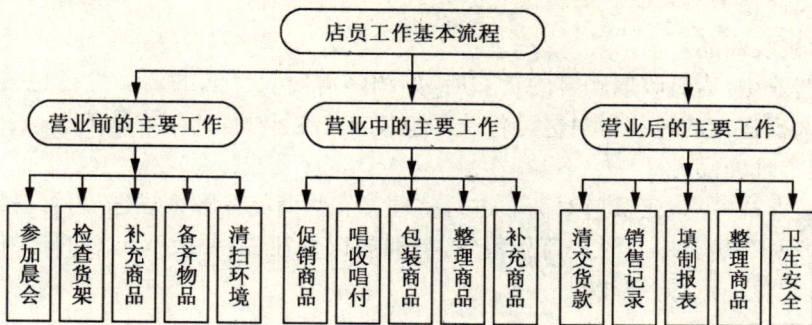

```
                          ┌─────────────────┐
                          │  店员工作基本流程  │
                          └─────────────────┘
          ┌──────────────────────┼──────────────────────┐
   ┌──────────────┐      ┌──────────────┐      ┌──────────────┐
   │ 营业前的主要工作 │      │ 营业中的主要工作 │      │ 营业后的主要工作 │
   └──────────────┘      └──────────────┘      └──────────────┘
```

参加晨会	检查货架	补充商品	备齐物品	清扫环境	促销商品	唱收唱付	包装商品	整理商品	补充商品	清交货款	销售记录	填制报表	整理商品	卫生安全

图 1—5　店员工作基本流程及工作内容

求,明确当日工作目标。二是布置工作任务。让每个店员了解当日或当班要做什么,怎么做? 有哪些促销活动及注意事项? 店员如有建议或要求也可通过晨会反映给店长。三是提高员工的工作士气。通过店长的激励语句和击掌等形式,增强店员的工作士气,提高工作效率。

（2）检查货架

在营业前,店员要检查柜台与货架上的商品是否有异常现象,如发现物品失窃,应及时向有关部门报告,同时还要确认商品的标价与品质,做到一件一签,无残损、变质商品。

（3）补充商品

在营业前,店员在检查柜台与货架上的商品是否有异常现象的同时,还要查看商品陈列是否丰满、整齐,并对柜台与货架上出现短缺商品应给予补充,满足当日门店销售的需要。

（4）备齐物品

在营业前,店员应检查收银机是否良好、商品广告是否整洁,确认计算器、发票、包装用具、零钱等是否完备,且在指定的位置上。

（5）清扫环境

在营业前,店员应将橱窗、货架、柜台、地面打扫干净,清理妨碍走道物品,查看照明灯具、招牌等有无损坏,保持环境的整洁、优美。

2. 营业中的主要工作

（1）促销商品

在营业中,店员应积极运用各种促销手段推销商品,提高营业额。

（2）唱收唱付

在营业中,店员收取顾客的货款时,要唱收唱付,明确具体的金额,并将应收的

9

货款放入钱箱内。

（3）包装商品

在营业中，店员收取顾客的货款后，如顾客需要对已购的商品进行包装，应根据要求选择适宜的包装材料进行包装。包装首先是牢固，其次才是美观。

（4）整理商品

在营业高峰后，店员应对商品进行整理。有些商品经顾客挑选后，容易发生错位、串号现象，店员应及时按商品型号、类别进行整理，需要成双出售的，要保持大小一样、颜色一致、式样相同。

（5）补充商品

在营业高峰后，店员应对货柜或货架上的陈列商品进行检查，当前面一排商品出现空缺时，要将后面的商品移到空缺处，并及时给予补货，以免影响销售。

3. 营业后的主要工作

（1）清交货款

在营业结束后，店员应将当日货款点清后填写缴款单，除限额留存备用零钞外，全部送交门店的出纳或有关人员，获取盖有收讫盖章的回执。对实行集中收款的商店和柜组，店员要将交款凭证汇总计算后和收款员对账，核准一致后填写缴款单，获取由收款员签字盖章的回执，以记销账。

（2）销售记录

在营业结束后，店员应把当天的进货、销货登入账簿，结出当日的库存，并填写各项营业报表，作为以后制定或调整销售策略的原始依据。

（3）填制报表

在营业结束后，店员应汇集当日各种进、销货凭证以及调价报告单，填制商品进销存日报表，经主管部门审核无误后，编制商品进销存汇总表，并逐日装订成册，为核算和财务分析提供必要的资料和可靠的依据。

（4）整理商品

在营业结束后，店员应将放乱的商品进行归位、配对、折叠整理。在整理中，如发现商品已售完，应根据销售情况，填好次日提（补）货单，以便在次日营业前迅速补齐商品。

（5）卫生安全

在营业结束后，店员应将商品、货架、柜台、用具、店堂打扫擦洗干净，并检查各种设施的安全状况，为第二天的营业做好准备。

三、店员的工作守则

在门店工作服务中，店员必须遵守以下要求：

1. 员工行为规范

（1）遵守公司各项规章制度，工作期间不聊天，不干私活，不迟到，不早退，不擅离岗位；

（2）遵守本岗位的各项管理细则，按时、按质、按量完成各项工作任务；

（3）进行优质服务，对待顾客热情周到、态度和蔼、有问必答，不冷落、顶撞顾客，树立顾客至上的服务理念；

（4）要洁身自爱，爱护场内的商品，不私拿公司的物品，自觉维护公司的利益；

（5）注重个人与店内的卫生，衣着干净整洁，店内清洁明净，商品整齐、无灰尘。

2. 员工仪容仪表规范

（1）工作时间必须穿着公司指定的制服并佩戴胸牌，制服要平整、干净，胸牌佩戴要规范；

（2）表情开朗，适度化妆，着近肤色无花纹的丝袜和黑色素面前后包的低跟皮鞋；

（3）头发清洁，长发及肩者需扎起来，适量饰品为宜，不佩戴金属制品的发饰；

（4）勤剪指甲，不留长指甲，保持清洁，不涂深色指甲油。

3. 员工服务礼仪规范

（1）面带微笑，站姿、坐姿、走姿、鞠躬要端庄优雅，以良好的精神状态为顾客服务；

（2）与顾客沟通时，声音要柔和、音量要适中，语言要简洁清晰，表达须礼貌；

（3）礼貌服务、热情亲切，顾客交易时说"您好，欢迎光临"，顾客交易后说"谢谢您"，顾客离开时说"欢迎下次光临"。

四、店员分类的工作守则

1. 导购员工作守则

导购员工作主要是引导顾客促成购买的过程，帮助消费者做出决定，实现购买。在具体的工作中通过现场恰切的举止和优质的服务，给顾客留下美好的印象，从而树立良好的品牌形象和企业形象，使顾客当场购买或在未来形成购买冲动。导购员工作守则的主要内容如下：

（1）树立良好的职业观念，没有不能成交的顾客，只是对顾客不够了解；没有不能成交的顾客，只是方法与策略不正确；没有不能成交的顾客，只是无法获得顾客的信赖。

（2）具备热情、自信、耐心和恒心的良好职业心态，有了热情，工作才会生动有效；只有充满自信，才能感染客户，才有可能使客户愿意买你介绍的产品；要满足客户的自尊与自信需要，要耐心回答客户的每个问题，无条件地包涵客户的一切过失;要有持之以恒的精神,才能经得起挫折。

(3)热爱本职工作,要爱岗敬业,具有主人翁精神、团队合作精神。

2. 理货员工作守则

门店理货员是对所销售的商品加以分类、存放、复查、陈列和整理等一系列工作,陈列商品须做到清洁美观、整齐丰满、易取易放,并便于搬运、盘点和操作。理货员工作守则的主要内容如下:

(1)规范服务。理货员必须执行门店服务规范,做到仪容端庄、仪表整洁、礼貌待客、诚实服务,严格遵守各项管理制度。

(2)熟悉商品。理货员要掌握责任区内商品的基本知识,包括商品的名称、规格、等级、用途、产地、保质期限、使用方法、包装标志和商品标价知识等内容。

(3)规范作业。理货员应依据岗位作业流程开展工作,严格按照商品配置表进行商品的定位陈列及陈列商品的整理,正确打印及粘贴价格标签,检查商品有效期,补货上架。

(4)保护商品。理货员必须了解治安防范要求,防止商品损坏和失窃。

(5)维护设备。理货员要维护门店的基本设备,负责责任区的清洁。

体验活动

一、活动背景

在结束本项目任务二的学习后,每个学习活动小组到一个连锁便利门店,进行认识店员工作的体验活动。

二、活动要求

请根据店员的工作情况从职业基本素质要求的视角填写下表。

便利门店名称	哪些属于操作技能要求范围	哪些属于仪容仪表要求范围	哪些属于语言沟通技能范围

职业技能训练

一、单项选择题

1. 连锁经营企业（　　）是指企业内部组织分工协作的基本框架。
   A. 管理结构　　　　　B. 组织结构　　　　　C. 市场定位　　　　　D. 发展战略

2. 连锁企业的（　　）是直接向顾客提供商品及服务的单位。
   A. 运营部　　　　　　B. 财务部　　　　　　C. 总部　　　　　　　D. 门店

3. （　　）是指在价格品牌等方面辅助主力商品、或以增加商品宽度为目的的商品。
   A. 新兴商品　　　　　B. 辅助商品　　　　　C. 特价商品　　　　　D. 关联商品

4. （　　）是指通过调整陈列方式、扩大陈列位置来尽可能吸引消费者眼球的促销方式。
   A. 展示促销　　　　　B. 捆绑促销　　　　　C. 对比促销　　　　　D. 赠品促销

5. （　　）是顾客经过频率最高的地方，也是最佳的陈列位置。
   A. 商品橱　　　　　　B. 端架　　　　　　　C. 陈列柜　　　　　　D. 货架

6. 将非透明包装箱的上部切除、底部作为商品陈列的托盘的陈列方法称为（　　）。
   A. 盘式陈列法　　　　B. 整齐陈列法　　　　C. 岛式陈列法　　　　D. 箱式陈列法

7. 收银员从事收银操作时，不允许（　　）。
   A. 随身携带现金　　　　　　　　　　　B. 熟悉商品价格
   C. 熟练收银操作　　　　　　　　　　　D. 热情回答顾客询问

8. 连锁门店（　　）负责对所销售的商品加以分类、存放、复查、陈列和整理等工作。
   A. 收银员　　　　　　B. 理货员　　　　　　C. 导购员　　　　　　D. 防损员

二、多项选择题

1. 连锁便利门店结构比较精简，通常设置（　　）。
   A. 客服组　　　　　　B. 物流组　　　　　　C. 理货组　　　　　　D. 收银组

2. 连锁企业门店的基本职能包括（　　）。
   A. 人员管理　　　　　B. 商品管理　　　　　C. 现金管理　　　　　D. 信息管理

3. 连锁企业门店的店员通常可以分为（　　）等岗位。
   A. 收银员　　　　　　B. 采购员　　　　　　C. 导购员　　　　　　D. 理货员

4. 以商品群进行分类，可以将商品分为（　　）。
   A. 主力商品　　　　　B. 辅助商品　　　　　C. 特价商品　　　　　D. 关联商品

5. 商品组合可以通过（　　）等方法。
   A. 季节性商品组合　　　　　　　　　　B. 假日性商品组合
   C. 便利性商品组合　　　　　　　　　　D. 功能性商品组合

6. 端头陈列最能吸引顾客的注意力，通常用于陈列（　　）。
   A. 关联商品　　　　　B. 新产品　　　　　　C. 特价商品　　　　　D. 高利润商品

7. 岛式陈列法的陈列用具一般是（　　）。

店员操作实务

    A. 冰柜　　　　　　B. 平台　　　　　C. 网状货框　　　　D. 端架

8. 店员着装的基本要求包括(　　　)。

    A. 职业性　　　　　B. 整洁性　　　　　C. 时尚性　　　　　D. 整体性

三、判断题

1. 不同连锁企业组织结构的具体形式会有所差异,但基本框架大同小异。　　　　(　　)

2. 连锁企业门店的副店长或店长助理负责协助店长执行与检查各项具体工作。　(　　)

3. 主力商品是指其销售量或销售金额在门店销售业绩中占主导地位的商品。　　(　　)

4. 对滞销商品应采取优先上架、优先促销等有效管理。　　　　　　　　　　　(　　)

5. 对比促销是指将同品种商品进行高低价位的对比陈列来突现滞销品的价格优势。

                                                              (　　)

6. 现场营造气氛是指通过 POP 广告、音乐和多媒体广告等形式吸引顾客的注意力。(　　)

7. 收银机出现故障时,收银员应通过平常积累的专业知识,自行修理。　　　　(　　)

8. 随机陈列法通常用于陈列主力商品。　　　　　　　　　　　　　　　　　　(　　)

项目二　走入职场——参加门店晨会

- 了解晨会的基本流程
- 熟悉晨会的主要形式
- 明确晨会对门店经营的基本作用
- 掌握晨会的主要内容
- 具备对晨会评判的基本能力

项目导入

俗话说，"一年之计在于春，一日之计在于晨"。晨会对门店经营管理具有较大的作用，能激励、教育、培养员工，检查与布置具体工作，是店长、部门主管与员工沟通的直接平台。因此，店员必须了解晨会的内容和作用，以积极的心态参加每日的晨会活动。

王彦同学认识到店员是成为一个店长成长的起点，要以一名"店员"的身份走进门店的工作中，首先接触的工作是参加晨会。作为一名学习者，要了解晨会活动的环节、内容、形式和基本作用，为将来的成长打好基础。

任务一　了解连锁经营企业晨会的概况

晨会是指在每天早晨上班前，由店长或指定主持人召开，分析门店经营情况、明确当日工作目标与要求、激励员工工作士气的一个常规的简短工作例会制度，是企业文化的一种表现。

15

一、晨会的基本作用

对于门店来说，晨会的积极作用主要有以下四个方面：

1. 激励性

店长应通过激励的语句、宣誓和击掌等形式，同时播放适宜的主题音乐，如"的士高"、"斗牛士"等乐曲，来鼓舞同仁的士气，以饱满的精神投入到当日的工作中去，提高工作效率。

相关链接 ➡️

员工的誓言

我热爱我的工作，我热爱我的团队；我为我从事的事业感到骄傲与自豪。

我相信，天道酬勤；我相信，付出必然有回报。

面对挑战，我沉着自信；面对困难，我坚持到底。

我相信，我是最棒的；我相信，我们团队是最棒的。

让我们一起努力、一起成长、一起成功。

---

2. 教育性

店长可通过工作总结的手段，对出现的问题进行批评，明确预防措施，对先进事迹进行表扬，以便发扬光大。通过工作布置的手段，提出当日工作目标和要求，让每个店员了解当日或当班要做什么，怎么做。目的是对同仁的当日工作要有启发，对同仁的成长要有所帮助。

3. 交互性

晨会是一个信息交流的平台。店长通过这个平台传达工作指令、有关事项和相关信息，如举办哪些促销活动及注意事项等；店员如有建议或要求，也可通过晨会反映给店长。目的是保证信息互通，有利于工作顺利开展。

4. 娱乐性

连锁门店的从业人员大多是年轻人，具有活泼的个性，充满着朝气。店长可通过唱歌、做游戏等娱乐形式提高晨会的气氛，如"阳光总在风雨后"、"希望之歌"、"相信自己"等，目的是让同仁在当日工作中保持愉快的心情和轻松的工作状态，激发其工作意愿。

晨会互动小游戏

一、瞎子走路游戏

1. 游戏方法

两人一组,A 先闭上眼将手交给 B,B 可以虚构任何地形或路线,口述注意事项指引 A 进行。如:向前走,迈台阶,跨东西,向左或右拐等。然后交换角色,B 闭眼,A 指引 B。

2. 活动目的

通过体验,让一方队员体会信任与被信任的感觉;作为被牵引的一方,应全身信赖对方,大胆遵照对方的指引行事;而作为牵引者应对伙伴的安全负起全部责任,对一举一动的指令均应保证正确、清楚。另外,万一指令有错,信任很难重建。

二、沟通能力游戏

1. 游戏方法

(1)给每人发一张 A4 废纸,主持人发出单项指令:大家闭上眼睛,不许问问题;把纸对折,再对折,再对折,把右上角撕下来,转 180°,把左上角也撕下来;请大家睁开眼睛,把纸打开,出现各种状况。

主持人引导:为什么会出现这么多不同的结果,是否是由单向沟通、又不许询问导致的?

(2)主持人此时再请一位上来,重复上述的指令,但可询问。

主持人引导:为什么还会有误差,是不是任何沟通的形式及方法都不是绝对的?沟通依赖于沟通双方的了解,沟通环境的限制等,沟通是意义转换的过程。

2. 活动目的

通过这个游戏,明确要根据不同的场合及环境确定沟通的最佳方式,提升沟通的能力。

二、晨会的主要内容

1. 回顾经营情况

将上一个工作日的销售数量等指标,与上周同期和计划的数据进行对比分析,找出畅销与滞销的商品,分析其原因,给店员指明有效的工作方法和要求,从而提升工作效率。例如,昨日的营业目标是 2 万元,实际完成了 1.4 万元,上周同期为 1.8 万元,对此查找出现偏差的主要原因,确定哪些环节或操作层面上出了问题,并指出具体的对策,避免再犯同类错误。

2. 制定阶段目标

作为店长,要对总部下达的年度销售目标进行合理的分解、化整为零,通过每个阶段达标的手段逐步有序地实现年度总指标。有这样一个事例:日本山田本一运动员连续两次获得国际马拉松邀请赛的世界冠军,他在自传中写道:"每次比赛前，我都要乘车把比赛路线仔细地看一遍，并把沿途所看到的一些醒目的标志在本子上记下来，如第一个标志是大树，第二个标志是银行，第三个标志是……一直画到比赛的终点。在比赛过程中，我把这些标志当成一个个目标，当我跑到第一个目标时，就以百米的速度奋力向下一个目标冲刺，四十多公里的路程，就这样被我分解成了十几个小目标轻松地跑完了。"这个事例给店长的启示是，年度总指标需要根据一年中的淡旺季、节假日等因素，一步步地分解到每月、每周、每天、每个班次和每个店员的身上，形成"人人头上有指标，千斤重担万人挑"的氛围。

3. 介绍新款或新品

在介绍新款或新品时，一定要将产品的货号、价格、材质、功能和特点等卖点详细告知店员，让每个店员掌握产品的特性，并与大家一起分析所适应的消费群体。这样做，有利于店员开展针对性的促销，从而提升门店的销售业绩。

4. 强调服务质量

据调查：因对客户服务不周，将导致 94％的客户离去；通常一个有着不愉快消费经历的客户，会向 9 个亲友叙述其遭遇的经验。由此可见，消费者视门店的服务为购物的重要前提，且负面的传播效应将对门店经营造成更大的影响。在晨会上，要强调服务质量的重要性，还可采取案例模拟，提高店员的服务技巧。例如：让两名店员分别扮演导购员与顾客，演练如何接待客人，通过点评提高服务意识和服务技巧，也可请一名金牌销售员与大家分享成功的服务经验，等等。

三、晨会的主要形式

1. 激励型

激励型通常是以激励的语句、宣誓和击掌等形式，振奋精神，鼓舞同仁的工作士气，以饱满的精神投入到当日的工作中去，从而达到提高工作效率的目的。可口可乐中国总部及下属每个分公司每天都必须开晨会，第一项工作就是所有的销售人员站起来振臂高呼口号，声音不响亮的话重新再来，直到发出最强有力的声音为止，目的就是改变员工的消极心态，释放激情，提高员工的工作热情。

2. 总结型

总结型通常是以总结为主要目的，重点在于梳理工作成果，便于进一步开展工作。

3. 分享型

分享型通常是以分享成功经验为主要目的，多采用优秀店员交流发言的形式，提高其他店员的销售技巧，从而达到积极有效的销售服务工作。

4. 辅导型

辅导型通常是以传授销售技巧、服务礼仪、产品性能、商品陈列等知识与技能为主要目的，全面提升店员的业务操作能力。

5. 头脑风暴型

头脑风暴型通常是以问题提出引发讨论，从而凝聚大家智慧并获得良好对策为目的的形式，可充分调动员工的积极性，激发其主人公的精神，为门店经营发展出谋划策。

四、晨会的基本流程

晨会的程序因连锁企业门店召开晨会的目的、内容和要求不同，会有较大的差异，但基本程序大致相同。具体如表2-1所示。

表2-1　　　　　　　　　　　　　　晨会的基本流程

程序	内容	基本要点
会前音乐	乐曲播放	1. 选择以激励人心、提高兴奋度为主题的音乐 2. 会前准备按照周六会议内容重点汇报
集合准备	播放集合音乐	1. 集合员工 2. 部门主管通报到会人数
整队	立正、向右看齐、向前看、稍息、立正	1. 整理仪容仪表 2. 互相检查
相互问候	主持人与员工相互问候	1. 激励语，能带动气氛 2. 击掌
小结布置	前工作日小结，当日工作布置	1. 完成情况、问题与处理、批评表扬、预防措施 2. 当日工作目标、工作内容与要求、工作分配
感恩	感谢工作中曾帮助过自己的伙伴	1. 提倡感恩文化、相互感谢、创造和谐气氛 2. 语言简洁、充满激情
生日之星	请出当日生日伙伴	1. 宣布生日名单及当日伟人生日或事迹 2. 生日之星发表生日感言
晨会激励	实现当日工作目标激励语	1. 伙伴击掌和呐喊鼓励 2. 热烈气氛中完成激励
互动交流	工作意见或建议交互	1. 伙伴发表建议 2. 工作相互交流
总结	总结晨会重点	1. 归纳晨会重点 2. 凝聚成一句口号
晨会结束	宣布晨会结束	各部门自行组织部门早会

体验活动

一、活动背景

在结束本项目任务一的学习后，每个学习活动小组上网寻找一个连锁经营企业，运用学到的知识进行认识晨会的体验活动。

二、活动要求

请根据连锁经营企业晨会活动的情况，填写下表：

连锁经营企业名称	晨会基本程序	晨会基本内容

任务二　参加门店晨会

有人将晨会比作门店运营的灵魂，是每日工作的第一枪。员工应根据公司晨会制度的规定，必须准时出席每日的晨会，并以积极的姿态参与其中各项活动。

一、每周晨会安排

门店或部门根据公司的经营与管理目标，结合各自的工作计划要求，对一周的主要工作以晨会的形式予以安排。因此，员工应事先了解本周晨会的安排，并做好参与晨会的准备。晨会安排的样例如表2—2所示。

表 2—2　　　　　　　　　　　　　　　　晨会安排

日期	主持人	主题	主要内容	备注
周一	店长	"促销周"动员	1. 上周销售情况的总结 2. 本周促销工作安排及动员 3. 营运部经理讲话	营运部经理参加
周二	助理店长	服务至上	1. 销售情况小结 2. "服务至上"演讲 3. 工作安排	
周三	助理店长	销售金点子	1. 销售情况小结 2. 销售金点子模拟展示 3. 工作安排	
周四	助理店长	促销经验交流	1. 销售情况小结 2. 部门促销经验交流 3. 工作安排	
周五	店长	最后冲刺	1. 销售情况小结 2. "最后冲刺"主题演讲 3. 工作安排	
周六	店长	争做"销售明星"	1. 销售情况小结 2. "最后冲刺"主题演讲 3. 工作安排	
周日	店长	销售业绩大比拼	1. 销售情况小结 2. 销售业绩大比拼 3. 工作安排	

二、晨会的基本过程

员工必须准时参加每日晨会,准确了解员工信息,积极参与晨会中的各项交流环节,并以饱满的精神予以投入。晨会的基本过程示例如下:

周一晨会活动过程
店长:集合!(10秒内集合完毕) 　　　立正、向右看齐、向前看、稍息、立正! 　　　各位同仁,大家早上好! 同仁:好!
店长:有没有一个灿烂的微笑? 同仁:有! 店长:精神是否是百分之百? 同仁:是! 店长:胸牌有没有佩戴? 同仁:有! 店长:好,请互相再检查一下仪表。 同仁:好!

店长:我们的经营作风是: 同仁:认真、快、坚守承诺、绝不找借口!
店长:我们的经营理念是: 店长:顾客第一、顾客至上!
店长:我们的经营宗旨是: 同仁:为民、便民、利民!
店长:我们的经营口号是: 同仁:我尽力、您方便、我们就在您身边!
店长:我们的企业精神是: 同仁:敬业奉献、永远第一!
店长:我们的服务理念是: 同仁:真诚的服务态度、周到的服务意识、专业的服务知识、礼貌的服务技巧、一流的服务实施。
店长:总结上一周工作情况,提出本周为促销周的工作目标,进行动员,并问:"有没有信心?" 同仁:有! 店长:请营运部经理讲话。 同仁:(鼓掌)
店长:行动宣言开始,请举起您的右手。 同仁:我是公司的守护者,品质是我的生命,我将把当下的事做到极致! 店长:我们的目标是: 同仁:永远第一! 店长:高唱"希望之歌"! 同仁:……
店长:各位同仁,让我们一起努力、一起奋斗,携手共建美好的明天。散会。 同仁:(拍手)

三、参与晨会活动

王彦同学是立达便利有限公司的一名实习生,今天参加"立达"门店的晨会,主题是"十一"黄金周促销动员。具体活动内容如下:

参与晨会活动
店长:30秒内集合完毕! 店长:立正、向右看齐、向前看、稍息、立正!
店长:立达家人大家早上好! 家人:好!
店长:请部门主管点名。 主管:好! 全部到齐!
店长:立达的经营作风是: 家人:认真、快、坚守承诺、绝不找借口!

店长:立达的经营理念是: 家人:顾客第一、唯一的第一!
店长:立达的经营宗旨是: 家人:为民、便民、利民!
店长:立达的经营口号是: 家人:我尽力、您方便、立达就在您身边!
店长:立达的企业精神是: 家人:敬业奉献、永远第一!
店长:立达的文明用语是: 家人:请、您好、谢谢、对不起、再见。
店长:立达的服务理念是: 家人:真诚的服务态度、周到的服务意识、专业的服务知识、礼貌的服务技巧、一流的服务实施。
店长:立达家人的格言是: 家人:以敬业的精神对待公司、以十足的勤奋对待工作、以满腔的热情对待顾客、以忠诚的态度对待领导、以坚定的信心对待自己。
店长:面对家人有没有一个灿烂的微笑? 家人:有! 店长:精神是否是百分之百? 家人:是! 店长:胸牌有没有佩戴? 家人:有! 店长:各位家人做得都非常棒,掌声鼓励!
店长:上个工作日情况小结,提出工作任务,"十一"黄金周的销售目标是……进行动员,提问: "有没有信心?" 家人:有! 店长:布置今天的工作。 家人:提出具体工作建议。
店长:行动宣言开始,请举起您的右手。 家人:我是立达的守护者,品质是我的生命,我将把当下的事做到极致。
店长:今天早上的晨会到此结束,谢谢! 家人:(拍手三下)

四、晨会的评判

1. 填写晨会反馈表

员工对一周的晨会活动情况进行评判,填写晨会反馈表,并交给有关负责人。示例如表2—3所示。

表 2—3　　　　　　　　　　　　　　　　　晨会反馈

姓名		职级	
您认为本周哪天晨会最有特点，为什么？ 　　周一晨会较有特点，销售金点子模拟展示的形式生动且容易理解。		您最喜欢其中哪位主持人？ 　　万丽	
本周晨会您有哪些收获？ 　　主要有两点：销售技巧有所长进；服务理念得到增强。		您认为本周晨会有哪些不足？	
您对下周晨会有哪些建议？			

2. 填写主持人评价表

员工对一周晨会活动主持人的表现进行综合评判，填写晨会主持人评价表，并交给有关负责人。晨会主持人评价表示例如表 2—4 所示：

表 2—4　　　　　　　　　　　　　　晨会主持人评价

主持人姓名	语言	仪表	内容	时间	气氛	创新	效果	总分
	10	10	20	10	10	20	20	
万丽	10	10	18	10	10	18	20	96
方欣	10	9	16	10	9	16	16	86

3. 填写一周晨会反馈表

员工对一周晨会活动情况进行综合评判，填写一周晨会反馈表，并交给有关负责人。一周晨会反馈表示例如表 2—5 所示：

表 2—5　　　　　　　　　　　　　　一周晨会反馈

日期：2012.10.7		填表人：李莉	
本周晨会运用了哪些形式，效果如何？ 　　主要有三种形式：模拟展示、演讲、交流，效果较好。		本周晨会有哪些不足，下周如何改进？	
有哪些好的建议可供其他部门学习和借鉴？		还需要公司及营运部给予何种支持与帮助？	

立达便利门店晨会制度

总　则

为弘扬企业文化,倡导企业发展理念,适时对每日的工作进行点评和总结,特制定本公司晨会管理制度,望各门店员工遵照执行。

一、目的

1. 推进工作进展

1.1. 通过每日工作进度反馈、门店工作情况和最新动态通报等形式,推动员工的工作紧迫感,促进工作目标的更快达成;

1.2. 通过每天的晨会交流、对前期工作的回顾、分享工作心得等形式,推动员工的工作积极性,不断提高员工的工作能力及职业素质,间接推动各类工作目标的达成。

2. 增强组织凝聚力

2.1. 对公司企业文化以口号的形式不断重复,使服务行为准则等深深渗透到每一位员工的心中,增强员工的使命感和责任感,进而增强组织凝聚力;

2.2. 通过店长主持、员工内部相互分享、共同学习,提升员工的信心,增进彼此的了解,增强团队的斗志,促进团队成员的融合,进而增强组织凝聚力。

二、时间与地点

时间:每日早上,晨会时间应尽量控制在15分钟以内;

地点:由各门店指定。

三、主要内容

3.1. 主持人问候;

3.2. 大家共同诵读公司司训,形成良好的服务意识体系,提高员工的工作热情;

3.3. 娱乐游戏;

3.4. 以部门为单位对前一个工作日情况进行小结,布置当天工作任务与工作目标。

四、晨会流程

4.1. 整理队列点名,人员报数;

4.2. 问候;

4.3. 员工宣读公司企业文化口号;

4.4. 员工做游戏;

4.5. 店长或助理店长汇报前一个工作日情况,布置当天工作;

4.6. 互动交流;

4.7. 总结;

4.8. 晨会结束。

五、晨会检查

5.1. 人力资源部会同部门经理不定期抽查门店晨会情况及记录;

5.2. 晨会记录要妥善保存,交人力资源部检查和存档。

以上制度即日起执行,最终解释权归人力资源部所有。

立达便利有限公司人力资源部

2013 年 1 月 1 日

体验活动

一、活动背景

在结束本项目任务二的学习后,每个学习活动小组到一个连锁门店,运用学到的知识观察该店晨会活动,进行认识晨会的体验活动。

二、活动要求

请根据观察晨会活动的情况,将晨会的过程及内容描述如下:

门店名称	过程及具体内容
	店长: 同仁: 店长: 同仁: 店长: 同仁: ……

职业技能训练

一、单项选择题

1. 晨会通常在( )由店长或指定主持人召开。

    A. 上班前   B. 下班前   C. 交接班时   D. 下班后

2. ( )晨会通常是以问题提出引发讨论,从而凝聚大家智慧并获得良好对策。

    A. 激励性   B. 总结型   C. 分享型   D. 头脑风暴型

3. 为鼓舞同仁工作士气,提高员工工作热情,晨会通常不宜( )。

    A. 高呼口号   B. 击掌   C. 气氛严肃   D. 形式活泼

4. 周末是一周的营业高峰期,此时门店的晨会主题通常围绕( )。

    A. 回顾上周业绩   B. 学习公司制度

    C. 提升销售业绩   D. 感恩回馈社会

5. 在总结分析昨日经营状况时,可将其销售额与( )的数据进行对比分析。

    A. 前天   B. 上周同期   C. 明天   D. 上月同期

6. 对于情绪低落的员工,可以通过( )来激励其释放激情,提高工作热情。

    A. 罚款   B. 当众批评   C. 放假   D. 激励型的晨会

7. 对晨会主持人的表现进行评价时,通常参照的评价标准不包括(　　)。

　　A. 人数　　　　　　B. 语言　　　　　　C. 气氛　　　　　　D. 内容

8. 晨会中通常不会设置(　　)活动。

　　A. 感恩　　　　　　B. 打扫卫生　　　　C. 生日之星　　　　D. 相互问候

二、多项选择题

1. 晨会的积极作用表现在(　　)。

　　A. 激励性　　　　　B. 教育性　　　　　C. 交互性　　　　　D. 娱乐性

2. 晨会是(　　)的一种工作例会。

　　A. 分析经营情况　　　　　　　　　　B. 明确工作目标

　　C. 激励员工士气　　　　　　　　　　D. 体现企业文化

3. 晨会的教育性体现在(　　)。

　　A. 表扬好的事迹　　　　　　　　　　B. 批评出现的问题并明确预防措施

　　C. 对同仁的工作有所启发　　　　　　D. 对同仁的成长有所帮助

4. 在晨会上可以通过(　　)等方式提升店员服务质量。

　　A. 强调服务质量重要性　　　　　　　B. 播放激励性背景音乐

　　C. 案例模拟演示服务技巧　　　　　　D. 金牌销售员分享成功经验

5. 作为一名普通店员,对待晨会应当(　　)。

　　A. 主动了解本周晨会安排　　　　　　B. 准时参加

　　C. 积极参与各项交流环节　　　　　　D. 不必关心

6. 店员可以通过填写(　　)等表格参与晨会的评判。

　　A. 晨会反馈表　　　　　　　　　　　B. 晨会流程安排表

　　C. 主持人评价表　　　　　　　　　　D. 一周晨会反馈表

7. 晨会通常包括(　　)等环节。

　　A. 相互问候　　　　B. 总结布置　　　　C. 呐喊口号　　　　D. 互动交流

8. 周二至周四的晨会通常都围绕(　　)等主题展开。

　　A. 服务质量　　　　B. 销售技巧　　　　C. 经验交流　　　　D. 产品专业知识

三、判断题

1. 晨会的主题音乐应当选取舒缓的轻音乐。　　　　　　　　　　　　(　　)

2. 门店的晨会是简短、常规的工作例会。　　　　　　　　　　　　　(　　)

3. 门店的晨会中,店长可以传达工作指令,但店员不可以反映情况。　(　　)

4. 年度销售总指标应根据淡旺季、节假日等因素进行合理分解、化整为零。(　　)

5. 在介绍新款或新品时,一定要将产品的货号、价格、功能等卖点详细告知店员。(　　)

6. 一个有着不愉快消费经历的客户通常不会向亲友叙述其遭遇。　　(　　)

7. 销售目标是店长及以上管理人员的事情,与普通店员没有关系。　(　　)

8. 分享型晨会通常以分享员工的个人情感故事、增进交流为目的。　(　　)

项目三　门店理货——理货员工作岗位职责与操作

学习目标

- 了解理货员岗位基本职责
- 熟悉理货员工作的主要内容及要求
- 明确理货员岗位工作的主要作用
- 掌握商品陈列的原则、方法和对顾客服务技巧
- 具备理货员工作岗位的基本能力

项目导入

要成为一名合格的理货员必须了解理货员的岗位职责，熟悉其工作流程、工作内容、工作要求和操作技能，为顾客提供良好的服务，从而促进门店销售额的提高。

王彦同学作为一名学习者，必须了解理货员的工作职责、工作流程、工作内容、工作要求，掌握其操作技能，为将来所从事的店长管理工作打好扎实的基础。

任务一　了解理货员的岗位职责与要求

理货员是通过商品陈列、排面整理、商品补充、标价等作业活动，与顾客发生联系的工作人员，是门店的主要工作岗位。

一、理货员的任职资格

理货员必须具备下列资格：

1. 学历要求

理货员必须是具有高中、中职以上学历的人员。

2. 素质要求

理货员必须具有一定的责任心，道德品质良好，有较好的团队合作能力，身体健康。

3. 岗前培训

理货员在上岗前必须接受本公司的导购员岗前培训，达到相应的技能要求。

二、理货员的隶属关系

1. 所属部门

理货员所隶属的部门是营运部。

2. 直属上级

理货员的直属领导是各部门主管或领班。

三、理货员的岗位职责

理货员是通过陈列商品等工作为顾客进行服务，通过整齐、丰满、美观、清洁的购物环境和优质服务，促进门店的销售。其岗位职责的具体内容如下：

(1)掌握责任区所陈列商品的名称、用途、使用范围、保质期、价格和供应商等信息。

(2)掌握公司规定的标价方法，准确、及时、完整地标注商品价格。

(3)掌握商品陈列的原则和方法，促进门店商品的销售。

(4)巡视卖场，随时整理货架陈列商品，保持商品的整齐、丰满、美观。

(5)巡视卖场，热情地为顾客解答、介绍或推荐商品。

(6)巡视卖场，加强特殊区域、重点商品的巡查和保护，以减少损失。

(7)做好责任区的陈列商品、陈列设备及附件、购物通道的清洁工作。

(8)负责责任区的陈列商品品质的管理，及时清除超过保质期、变质、残损的商品。

(9)掌握责任区的商品销售动态、库存结构及数量等情况，避免商品脱销或积压。

(10)服从门店管理人员的其他工作安排。

四、理货员的工作纪律

(1)严禁与顾客发生直接交易。

(2)严禁损坏商品隐藏不报的现象。

(3)严禁私自使用、品尝商品。

(4)严禁虚报盘点、库存、报损等数据。

(5)严禁在工作时间进行购物。

五、理货员的岗位特点

1. 间接性

理货员不与顾客发生直接交易的行为,其主要服务方式是间接服务,通过对陈列商品的管理、维护环境卫生、回答顾客询问、进行购物指导等形式,为顾客提供优质服务,从而促进门店的商品销售。

2. 多元性

理货员的工作看似简单,却涉及多领域的具体操作。除了对陈列商品的管理、环境卫生的维护、顾客购物的服务以外,还要负责商品盘点、防损防盗,协助商圈信息调研等工作,将对门店经营产生多元效应。

3. 协同性

理货员的工作一般不须等候顾客,在完成理货作业活动后,根据实际工作的需求协同其他岗位的工作。例如:收银高峰时,协助装袋;结算时发现商品标价有误,积极查实;到货时,协助卸货、搬运等。在实际工作中,理货员岗位的协同性对门店运营工作起到了互补的作用,促进了工作实效。

六、理货员的岗位知识

理货员最主要的工作是对销售商品进行陈列与管理,其必须了解陈列商品的原则、方法和要求。具体内容如下:

1. 门店商品的陈列设备

门店陈列商品的设备主要有以下四种形式:

(1)货架

门店货架主要采用可拆卸组合的钢制货架,其规格高度分别为 1.35 米、1.52 米、1.65 米、1.80 米,长度为 0.9 米、1.20 米等,具体使用哪种规格的货架则视各门店设计理念及门店具体情况而定(见图 3—1)。

(2)商品橱

商品橱也称玻璃展示橱,通常陈列轻薄短小且高级精致的商品,配合灯光照明更可衬托出商品的品质。

(3)陈列柜

陈列柜具有专用性与功能性的特点,有不同

图 3—1　货架

的类型与规格,主要适应主力商品的陈列。如冷藏陈列柜主要陈列饮料、包装食品等,体现商品的价值,确保商品的品质(见图3—2)。

（4）展示台

展示台一般用于商品的展示演出,以较有设计变化的高低台、平面台、角度台及其他不规则形状的陈列面,展现商品的特色与魅力。

2. 陈列商品的货架布局

图3—2　冷藏陈列柜

陈列商品如何在货架布局,其基本方法是:好卖的放上货架,不好卖的撤下货架;好卖的放好位,不好卖的放差位;好卖的放大排面,不好卖的缩小排面。

3. 商品陈列的基本原则

（1）关联性原则

要求做到在尽可能的情况下,将一个区域内的相邻端头、堆头和货架的商品保持一定关联度,以便顾客相互比较,促进连带购买。

（2）易见原则

要求做到货架上的商品能引起顾客的注意,贴有价格标签的商品正面要面向顾客,每一种商品不能被其他商品挡住视线,货架下层不易看清的陈列商品,可以倾斜式陈列。

（3）易取原则

要求做到能让顾客自由方便地拿到货架上选中的商品。

（4）先进先出原则

要求做到当货架陈列的前层商品被买走后,将凹到里层的商品往外移,从后面开始补充陈列商品。

（5）纵向陈列原则

要求做到系列或同类商品进行垂直陈列,使顾客一目了然整个系列商品,从而起到很好的销售效果。

（6）整齐陈列原则

要求做到货架、堆头、端架上的陈列商品必须整齐,起到陈列商品丰满的视觉效果。

4. 商品陈列的基本方法

商品陈列的基本方法有多种,随着经营方针和营销策略的变化而灵活应用。具体方法如下:

（1）整齐陈列法

店员操作实务

整齐陈列法是指将单个商品根据货架的尺寸确定商品长、宽、高的排面数进行整齐地排列的方法。整齐排列法突出了商品的量感，适用于折扣率高和季节性的商品，通常配置在中央陈列货架的尾端或两端（见图3—3）。

（2）随机陈列法

随机陈列法是指在确定的货架上随意地将商品堆积的方法。随机陈列法所占的陈列作业时间很少，主要适用于特价商品，给顾客一种"特卖品就是便宜品"的印象，可配置在中央陈列架的通道内或需要吸引顾客的地方，其目的是带动这些地方陈列商品的销售（见图3—4）。

图3—3　整齐陈列法

（3）端头陈列法

端头陈列法是指门店最能引起顾客注意力的场所，是商品陈列的黄金位置，并能起到引导顾客走向的功能。端头一般用来陈列特价品、新产品和利润高的商品。

（4）盘式陈列法

盘式陈列法是指将非透明包装箱的上部切除，将包装箱的底部作为商品陈列的托盘，以显示商品包装的促销效果。通常是整箱整箱地堆积，只在上面一层做盘式陈列，提示顾客可以整箱购买，通常配置在中央陈列货架的尾端或两端以及进出口特别展示区（见图3—5）。

图3—4　随机陈列法

（5）岛式陈列法

岛式陈列法是指在超级市场的进口处、中部或者底部不设置中央陈列架，而配置陈列用的特殊展台陈列商品的方法。岛式陈列法的特点是可从四个方向观看，其陈列的用具一般是冰柜、平台、大型的货柜和网状货筐等。

（6）窄缝陈列法

窄缝陈列法是指在中央陈列货架上撤去几层隔板，只留下底部的隔板形成一个窄长的空间进行陈列的方法。窄缝陈列的商品只能是1～2个单项商品，所要表现的是商品的量感，陈列量是平常的5倍，能吸引顾客的注意力，适用于新产品或利润高的商品。

（7）悬挂式陈列法

图3—5　盘式陈列法

悬挂式陈列法是指将商品悬挂在固定的、可转动的、装有挂钩的陈列架上的陈列方法。其适用于扁平或细长型的轻质商品,能使商品产生立体感的效果。

(8)突出陈列法

突出陈列法是指将商品放在篮子、车子、箱子、存物筐或突出延伸板内,陈列在相关商品的旁边销售。其主要目的是打破陈列的单调感,诱导和招揽顾客。

5. 商品组合的基本方法

商品组合的基本方法如下:

(1)季节性商品组合法

该方法是根据季节性原则对商品进行组合,如春季可组合春茶商品群,夏季可组合夏凉床上用品,秋季可组合秋令滋补商品群,冬天可组合冬令滋补商品群等。

(2)假日性商品组合法

该方法是根据节假日的特点对商品进行组合,如中秋节前夕可组合月饼系列商品群,情人节前夕可组合各种情人系列商品群,春节前夕可组合礼品商品群等。

(3)便利性商品组合法

该方法是根据便利性消费的特点对商品进行组合,如快餐面系列、熟制品系列等。

(4)功能性商品组合法

该方法是根据商品功能性消费的特点对商品进行组合,如厨房用品系列、家电用品系列、化妆品系列等。

6. 商品基本知识

理货员应具备与工作内容相关的商品知识,有利于提高工作成效。

(1)蔬果类商品知识

只有掌握有关的蔬果基础知识,了解蔬果商品的特征,才能实现最有效的鲜度管理。主要内容有五个方面:一是玉米、毛豆、豇豆、龙须菜、西兰花、花菜等,进货后要立即对其进行冷却降温,防止鲜度下降;二是青菜、菠菜、蓬蒿菜、芹菜、生菜等叶菜类,进货后要立即补充水分,保持其新鲜度;三是甜瓜、芒果、木瓜、草莓、桃、菠萝、香蕉等,进货后要打开纸壳箱,释放其在运输过程中蓄积的热量,然后放入冷库中或在常温下保管;四是草莓、葡萄、樱桃、香蕉、木瓜、芒果等,进货后无论温度如何,其蒸发作用都很明显,故需尽快售完;五是笋、玉米等进货后要按其在田地里生长时的方向陈列,能保持其自然的外形。

(2)肉类商品知识

肉类是一种易变色、易腐败变质的商品,在库存、加工、陈列、销售的过程中对温度严加管理,对肉类鲜度的保持是至关重要的。一是库存温度的管理。冷冻肉品需保持在−18℃以下,冷藏肉品需保持在−2～2℃,冷冻库内应分区放置成品、半成品等不同分类的商品,避免交叉污染。二是加工环境温度的控制。卖场肉品操作间的温度应控制在 15℃ 以内,否则会影响肉品质量。三是陈列温度的要求。牛肉、内脏、禽类等温度为 -2~0℃,陈列柜温度应控制在 0~4℃,包装肉品不得重叠放置。

（3）进口食品知识

进口食品可以免标生产厂商及标准代号,但必须标明原产国或国内经销商的名称、地址。酒类、饮料类、乳制品类、糖果类、罐头食品类、坚果炒货类、油类、肉类八大食品需要加贴中国进出境检疫标签,简称"CIQ"。进口化妆品应标进口化妆品销售许可证。

（4）商品标识要求

一般商品均应标识品名、厂名、厂址,食品还应有配料表、生产（保质）日期、产品标准号、质量等级等。针织品还要标明成分（材料、质地）、规格,化妆品还应标明内装数量、产品标准号、日期、卫生许可证等,家用电器商品还应附有合格证、说明书、保修卡,有特殊标识要求的商品按相关的法规、标准执行。

7. 设备使用知识

（1）冷柜的正确使用

无盖立柜的制冷保温靠冷柜冷风吹出口所吹出的冷气形成一道气帘,这道冷气帘可遮断外面的空气,起到保持柜内温度的重要作用。理货员的正确使用方法是:不得将商品标价牌放在冷气回风口上;商品负载线上避免堆积过多而堵住气帘;低温立柜堆码时不得高于柜内的负载线;内藏式冷柜进风口前 50 厘米内不准堆放任何杂物;营业结束后盖上夜间罩,达到节能与延长使用寿命的目的。

（2）陈列柜的正确使用

理货员应将不同商品按各自的温度要求区别陈列,立式陈列柜的回风口不得放任何物品,卧室冷柜堆放商品不得超过规定的限制线。营业结束后,应盖上盖板。

（3）冷柜、陈列柜的清洁

冷柜清洁应坚持每日清除外表板、货架、冷凝器过滤网罩上的积灰（内藏式）,每月彻底清洗冷柜两次。清洗时必须切断电源,注意不得将水直接冲到风机上,避免杂物冲入下水道;陈列柜每月定期清洗两次。清洗的正确方法是:先化霜,取出商品后切断电源,冲洗时避免风机马达进水,卧柜清洗完毕待柜内无积水后方可开机。

体验活动

一、活动背景

在结束本项目任务一的学习后,每个学习活动小组到一家连锁经营企业,运用学到的知识进行认识理货员的体验活动。

二、活动要求

请根据连锁经营企业理货员的工作情况,填写下表:

连锁门店名称	操作技能内容	仪容仪表内容	顾客沟通内容

任务二　掌握理货员的工作过程与岗位技能

理货员的工作过程主要有三个阶段,即营业前的准备工作、营业中的工作和下班前的各项工作。理货员的岗位技能主要体现在商品陈列、商品整理、顾客服务和环境卫生等方面。

一、理货员的工作内容

1. 营业前的准备工作

营业前的准备工作主要有以下八个方面:

(1)出勤签到,更换制服,佩戴工号牌,注重个人仪表;

(2)参加晨会,了解当日工作内容与要求;

(3)做好门店的环境、陈列设备和商品的卫生工作;

(4)阅读交接本,进行商品盘点;

(5)根据商品陈列原则进行排面的整理,缺货处进行补货,变质破损商品撤架;

(6)根据商品标价签的管理要求进行价签整理,做到内容齐全、一价一签、货签对位;

(7)了解当日进行的促销活动和所辖商品价格的变化,及时调整标价;

(8)了解新品信息,熟悉有关的商品知识。

2. 营业中的各项工作

营业中的各项工作主要有以下八个方面：

（1）巡查陈列商品，视情整理或补货，做到先进先出、商品饱满、清洁整齐，保证商品的正常销售；

（2）巡查商品标价，确保货价正确、字迹清晰、一价一签、货签对位、标示醒目；

（3）巡查责任区域，掌握商品供需情况，及时向管理人员汇报，提出进货建议；

（4）巡查责任区域，进行现场环境整理，保持通道畅通整洁；

（5）巡查责任区域，积极解答顾客询问和其他帮助；

（6）加强柜组巡视，跟进安全措施，避免失窃现象；

（7）做好单品的收货，根据要求进行验收和入库；

（8）做好主管交办的其他各项工作。

3. 下班前的各项工作

下班前的各项工作主要有以下五个方面的要求：

（1）做好陈列商品的整理工作，保持商品陈列饱满，清理残损、变质、逾期商品；

（2）处理好验收区的商品，整理归位货梯、搬运车、手推车、购物篮等用具；

（3）做好交接班笔记，详细交办各项相关事宜；

（4）做好地面的清理、清洁卫生工作；

（5）完成主管交代的工作。

二、商品陈列作业的环节

商品陈列作业是指理货员根据商品配置表的具体要求，将标好价格的商品放在指定货架中的相应位置。具体作业环节如下：

1. 领货作业

在营业中，理货员根据陈列商品的销售情况，在领货单上填写紧缺商品的货名、规格、数量和单据，到内库领货，并对照领货单核实领出的商品。由于现代连锁经营企业规模的不断扩大、信息化管理手段的不断运用、专业分工的不断细化，大型连锁超市和便利公司为追求更高的经济效益，领货作业的环节不是反映在内库方面，而是门店收货部门接受配送中心的配货。

2. 标价作业

理货员在商品上架前要将价格标签贴在商品包装上，便于顾客识别商品价格，也有利于门店的收银和盘点工作。商品价格标签的内容包括品名、规格、单价、单位、产地、等级、内码七个要素，由公司采购部统一确定。目前我国超市的价格标签分为四种类型：一是商品部门别标签，表示商品部门的代号及价格；二是单品别标签，表示单一商品的货号及价格；三是店内码标签，表示每一单品的店内码和价格；四是纯单品价格标签，表示每一个商品的单价，无其他号码。前三种类型的价格标签采用条码的形式,适应计算机信息化管理。

3. 商品陈列作业

理货员根据商品配置表的具体要求,将标好价格的商品根据商品陈列的基本原则摆放在指定的货架中的相应位置上。

4. 补货作业

理货员将标好价格的商品,根据商品的陈列位置,依据商品陈列的原则,定时或不定时地将商品补充到货架上。定时补货是指在非营业高峰时段进行的补货;不定时补货是指只要货架上的商品处于即将售完的状态,就要立即进行补货,以免由于缺货而影响销售。

5. 整理作业

理货员依据商品陈列的原则,按照端架、地堆、促销区、排面的顺序,依次对DM商品、促销商品、A类商品、普通商品进行整理,并将变质、破损、逾期的商品撤出货架,归入后场指定位置,不得放置在顾客可取到的地方。

相关链接 ➡

商品保质期的时效管理

具有保质期的商品进库时,应建立保质期台账。保质期是从生产当日至保质期到期日,当商品接近保质期时,应按下述规定时限,向管理人员报告。

序号	保质期(月)	距到期日时间(月)
1	3	1
2	6	1.5
3	12	3
4	18	4
5	24	5
6	30 以上	6

三、营业前的准备工作与操作

1. 陈列商品的检查

陈列商品检查的要点:正面朝外勿倒置;能竖不躺上下齐;左小右大低到高;商品标价要对准;仓板摆放一条线;端头高度一条线;地堆四角一条线;纸箱开口一条线;前置陈列一条线;上下垂直一条线;排列方向一条线;标牌标志一条线。理货员要根据上述的检查要点,对责任区的货架进行整理。

店员操作实务

2. 促销活动的准备

理货员根据促销的主题与促销策略合理布局产品的展示,调整产品堆头,更换POP、吊旗和海报,并检查赠品、促销商品是否充足和整洁,保证促销活动的顺利进行。

3. 标价作业的操作

(1)标签打贴

标签的位置一般打贴在商品正面的右上角,如右上角有商品说明文字,则可打贴在右下角。罐装商品一般打贴在罐盖上方;瓶装商品可打贴在瓶肚与瓶颈的连接方。一般来说,超市或便利店内的商品价格标签的位置都是指定的,这是为了便于收银员计价。在实际工作中,我们经常发现收银员在扫描时不断寻找商品价格标签的现象,这会大大降低收银速度。礼品不要直接打贴在包装盒上,可使用特殊标价卡,因为送礼人往往不喜欢受礼人知道礼品的价格。

(2)变价打贴

连锁经营企业在商品的销售过程中,由于各种因素所致原售价发生变动。如因开展促销活动作出特价,因商品质量有问题或快到期商品采取降价,因同业竞争而调整价格等。发生变价事项则由连锁企业总部采购部门负责将变价的通知传达到门店,理货员在接到通知后,做好变价商品标价的更换。通常价格调低,可将新标签贴在原标价之上。如果价格调高,去掉原价格标签纸,重新打价,避免引起顾客的争议。

4. 清洁作业的操作

(1)清洁作业的对象

商品、货架其他陈列设备及附件、责任区地面、陈列、搬运、营业、清洁工具。

(2)商品清洁的操作过程

整理商品,将商品取下;除去污垢、灰尘,用微湿的干净抹布擦去商品及货架上的灰尘,擦干、擦光商品表面,尽可能去除做卫生的痕迹(切忌擦掉商品的生产日期、保质期等重要标识);将商品恢复陈列。

(3)保持清洁的要点

严格控制使用粘胶物;保持货架干燥,有渗漏、损伤的商品应及时取下;对装箱物品或纸箱应切忌在地面拖行,避免扬起灰尘;保持良好的随手清理、整理、清洁的习惯;清洁工具应定位存放,不在使用时,应定位存放于顾客看不到的地方,清洁工具、容器、盛器也应随时保持清洁。

四、营业中的主要工作与操作

1. 整理商品

在营业中,理货员要不断巡视责任区域的陈列商品,随时整理货架陈列商品,保持商品的整齐、丰满、美观。具体方法与要求如下：

（1）归位整理

经顾客挑选后，货架上的商品容易发生错位现象，营业员须按型号和类别进行分类归位。

（2）配对整理

有些成双配对的商品，如拖鞋、袜子等，营业员要随时检查，保持型号相同、款式一致、颜色相符、左右配对。

（3）折叠整理

有些挑选性强的商品，如毛巾、内衣、内裤等，往往会因顾客挑选而乱堆乱放，营业员要及时进行折叠、整理，摆放好。

（4）挑选整理

有些熟食小吃易混合，被顾客随意丢放，营业员要勤检查，并随时将腐烂变质的商品清理出去，但要注意分类归位。

（5）价签整理

商品价格标签经常会被拿乱放乱，应随时检查，随时发现随时归位；以免给顾客造成错觉，引起不必要的误会。货签对位、标示醒目，如果产地、规格、型号、款式、等级、材质、商标不同，必须实行一价一签。

2. 添补商品

在营业过程中，导购员要及时检查自己责任区货架的陈列商品，对已售完的商品要从仓库提货，利用营业空隙时间组织好力量进行拆包和分装，并摆在原来的位置，保持排面整齐、丰满。补货时要排除不良商品上架。禁止上架的商品现象是：过期的商品；有变质现象的商品；接近有效期限的商品；各种严重瘪罐的商品；真空包装遭损的商品；商标脱落的商品；包装破坏的商品；产生锈蚀的商品；玷污的商品；标识不清的商品；旧包装的商品；进口预包装食品无原产地、国内总经销商的名称地址的商品；饮料类、乳制品类、糖果巧克力类、罐管类、坚果炒货蜜饯类、定型包装的食用品类无粘贴防伪标志的商品；进口商品无中文标识。

3. 验收到货

（1）验收到货单品的流程

商品配送到门店时，门店导购员或理货员应停下手头工作及时收货，并核对商品配送单上的条码、品名，数量、质量是否吻合并符合验收标准。验收到货单品的具体步骤如下：

第一步，填写到店的时间。

立达物流中心配送货车到达立达便利门店时，由店员在行车日志上填写到店的时间，并核对配送清单上的门店名称。示例如下：

立达物流中心行车日志　　出货日期:2013 年 1 月 8 日				
门市名称	退货件数	到店时间	离店时间	门市伙伴签章
		9:30		

第二步,验收商品。

验收商品操作步骤如下:

首先,先打开 HT(见图 3—6),设置"验货"模式(见图 3—7)验货。

图 3—6　HT

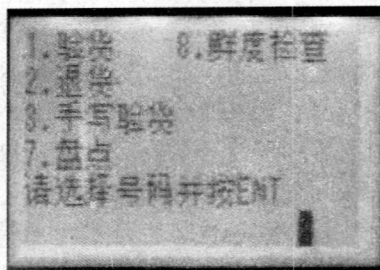

图 3—7　验货模式

其次,用 HT 对某类商品逐个验收,放入购物篮内(见图 3—8),并确认按钮,在"交货"处显示实际数量(见图 3—9)。

复次,当全部到货的单品验收完毕后,用记号笔标记已验收过的整箱货(见图 3—10),点击"继续"确认未验到或无条形码的商品(见图 3—11),再将 HT 放回到基座进行数据传输(见图 3—12)。

最后,打出交货修正明细表(见图3—13),如有缺货或品质异常须写明原因,并由送货员与门店验收员签字确认。交货修正明细表一式三份,送货员当场带走一份,门店留一份,另一份交财务部。

图 3—8 验收货物放入购物篮

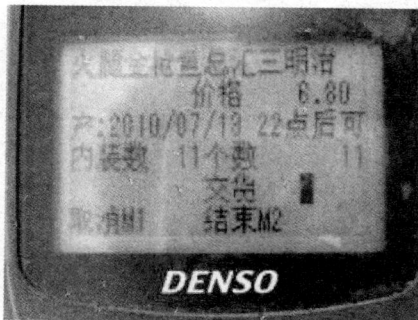

图 3—9 交货处显示实际数

图 3—10 标记已验收货物

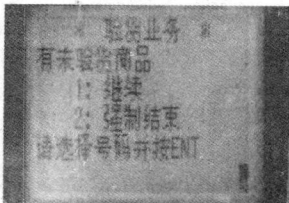

图 3—11 确认未验到货物

图 3—12 基座传输

图 3—13 打印修正明细

第三步,填写离店时间并签名。

店员操作实务

店员在行车日志上填写离店时间,并在门市伙伴一栏内签名,然后交给送货员带走。

立达物流中心行车日志　　出货日期:2013 年 1 月 8 日				
门市名称	退货件数	到店时间	离店时间	门市伙伴签章
立达		9:30	10:10	詹丸

(2)处理验收中品质异常商品

门店验收时发现品质异常商品的处理步骤是:异常品当场退给 DC,该商品验短;填写异常原因代号随商品交物流司机带走;DC 根据交货修正明细进行汇总并反馈品保物流部;品保物流部根据 DC 的数据进行责任归属划分。

品质异常情况分类说明

序号	分类	责任归属	序号	分类	责任归属
1	保质期内变质 (腐败、发霉)	厂商/DC /门店	7	夹生	厂商
2	包装破损	DC	8	重量不足	厂商
3	外观污染	DC	9	内容物不符	厂商
4	挤压变形	DC	10	包装内有异物	厂商
5	凹罐	DC	11	包装不良	厂商
6	标签问题(无标签、 重贴/贴错标签)	厂商	12	胀包	厂商

相关链接 ➡️ **商品验收标准**

配送商品验收的内容与要求如下:

1. 外包装

商品外包装不得有破损,包装不得有拆封过的痕迹,包装的外观应整洁、干净等,无脏物的污染,熟食类食品的包装应特别注意卫生、干净、无污染。

2. 内包装

包装层次较多的商品,要注意内部商品不得有破损、内部小包装不得有任何形式的损坏,要保证商品自身结构完好无缺。

3. 质量

验收商品时,所有商品的质量必须达到该商品规定的质量标准,一定要有商品合格证,食品要注意食品本身的色质、新鲜度、是否保持良好,严禁有异味、有污垢。

4. 保质期

严格查看商品的生产日期、保质日期,不得有过期或即将过期的商品。

5. 商标品名

所有商品的商标品名、生产商、生产地都必须完整,进口商品必须贴有中文标识,而且印刷清晰、无遗漏,要保证商品的品质。严禁三无商品进入门店销售。

6. 条码

要求所有的商品条码必须印制清晰、易读,条码符合国标的印制标准,不同的规格条码严禁重复。

7. 品名规格

仔细查看商品的规格,根据商品的包装、容量核对商品规格是否正确标识,并检查商品规格的标识单位是否统一。

8. 数量

商品数量验收时应认真核对送货单据所列各项数量与实物数量是否相符,不同条码、规格、包装的商品数量一定要与送货单上列出的各类项目的数量相同。严禁混在一起清点总数量。

9. 单据

送货单上的字体一定要清晰、明了,单据的号码要每页相同,要注意单据上的送货地点是不是本店,防止误送,出货日期及送货日期是否与当日吻合,单据的填写是否按公司规定相关人员签名盖章。

4. 服务顾客

理货员的服务主要是为顾客购物提供便利。主要表现是:当顾客向理货员询问购物处时,应予以热情解答(见图 3—14);当顾客在选购商品时,理货员应热情介绍商品的性质与特点(见图 3—15);当顾客欲购买的商品缺货时,理货员应立即到仓库调拨;当顾客购物较多时,理货员应主动帮助其将商品送到收银处(见图 3—16);遇到身体残障的顾客时,要给予特殊的照顾(见图 3—17)。

图 3—14　为顾客指明购物处

图 3—15　为顾客选择购物

图3—16　帮助顾客提货　　　　　图3—17　帮助残障顾客取货

五、下班前的主要工作与操作

1. 查看陈列商品

理货员如果发现货架上出现缺货、断货等情况,要填写补货单。如果发现货架上的商品出现空当,要及时拉好排面。

2. 进行盘点工作

盘点的方式有很多种,通常采用日销日盘的方式。日销日盘是指在每日营业结束后,对某种商品进行盘点,日结日清,达到对该商品的加强管理。日销日盘方式主要适应快讯商品、特价商品、季节性商品、新商品和畅销商品等。盘点作业流程如下:

(1)初点作业

初点作业是按照先点仓库、后点卖场,由左而右、由上而下进行的盘点形式。每一台货架或储物柜都应视为一个独立的盘点单元,使用单独的盘点表,以便于按盘点配置进行统计整理。初点作业通常由两人一组进行盘点,一人点,一人记录。

(2)复点作业

复点作业是指初点作业后的一段时间内,复点者手持初点者已填好的盘点表,依序检查,再将复点的数字记入复点栏内,并计算出差异,填入差异栏。

(3)抽查作业

抽查作业是指针对卖场内死角或不易清点的商品,或单价高、金额大的商品,采用复点作业的方法进行检查。

如果发现盘点商品的数量、金额差异较大的现象,要进行复点。一般情况下,盘损率应在2%以下,如超过2%,说明盘点不实,或经营管理状况不佳。

3. 做好交接班工作

交接班通常是在各自货架前进行,提交交接班记录本。该记录本记载事项主要有以下三个方面:

（1）贵重商品的记录

贵重商品的交接须由两个班次的人员共同进行清点并作记录，双方确认无误后签字。

（2）待处理问题的记录

对上班次店长或店长助理交代的工作或其他未完成的事项要进行记录，告知已完成的内容或程度，以及下一班次完成的内容、要求和时间等。两个班次的人员共同签名认可后，交下一班次人员进行处理。

（3）需要告知的其他事项

上班次的理货员须将总部各部门、门店的各项通知、要求、注意事项、发生的特殊事件等各种事项进行登记，由下班次的理货员阅读，并转告其他相关人员。

4. 清洁卫生

当顾客全部离开门店后开始清洁工作，清扫各自的卫生负责区，并将垃圾集中倒入垃圾袋。

5. 安全检查

离开门店前应检查火种、水、电和门窗等各种设备设施，切断货架所有电器的电源，查看有没有留在店里的顾客，关闭负责区的电灯和门窗，确认安全后填写安全检查记录。

体验活动

一、活动背景

在结束本项目任务二的学习后，每个学习活动小组到一个连锁门店，运用学到的知识观察该店商品陈列的方法，进行实地体验活动。

二、活动要求

请根据下列表内的要求，在观察商品陈列的同时，拍摄相应陈列方法的照片。

连锁门店名称	符合陈列方法 1（文字与图片）	符合陈列方法 2（文字与图片）	符合陈列方法 3（文字与图片）
	符合陈列方法 4（文字与图片）	符合陈列方法 5（文字与图片）	符合陈列方法 6（文字与图片）

职业技能训练

一、单项选择题

1. （ ）是指将商品包装箱的上部切除、以包装箱底部作为商品陈列的托盘的陈列方法。
   A. 岛式陈列法　　　B. 盘式陈列法　　　C. 箱式陈列法　　　D. 整齐陈列法

2. 冷冻肉品的库存温度需要保持在（ ）。
   A. −18℃以下　　　B. −2℃～0℃　　　C. −80℃以下　　　D. −2℃～2℃

3. 进口的八大类食品需要加贴中国进出境检验检疫标签，即（ ）标签。
   A. ICQ　　　　　　B. QQ　　　　　　C. QIC　　　　　　D. CIQ

4. （ ）是指在确定的货架上随意地将商品堆积，主要适用于特价商品。
   A. 架式陈列法　　　B. 整齐陈列法　　　C. 堆积陈列法　　　D. 随机陈列法

5. （ ）是指将系列或同类商品进行垂直陈列，使整个系列商品一目了然。
   A. 易见原则　　　　B. 纵向陈列原则　　C. 易取原则　　　　D. 整齐陈列原则

6. 对于生菜、蓬蒿菜等叶菜，进货后要及时（ ），以保持其新鲜度。
   A. 冷却降温　　　　B. 补充水分　　　　C. 加热保温　　　　D. 干燥处理

7. 经典的"啤酒＋尿布"的商品组合销售方式属于（ ）。
   A. 季节性商品组合　　　　　　　　B. 功能性商品组合
   C. 假日性商品组合　　　　　　　　D. 便利性商品组合

8. （ ）是指用冰柜、平台、大型货框等用具陈列商品，便于顾客从四个方向观看。
   A. 端头陈列法　　　B. 悬挂陈列法　　　C. 岛式陈列法　　　D. 整齐陈列法

二、多项选择题

1. 理货员工作岗位的特点是（ ）。
   A. 直接性　　　　　B. 间接性　　　　　C. 多元性　　　　　D. 协同性

2. 连锁企业门店商品的陈列设备主要有（ ）等几种形式。
   A. 货架　　　　　　B. 商品橱　　　　　C. 陈列柜　　　　　D. 展示台

3. 商品陈列时应当遵循（ ）等基本原则。
   A. 易见　　　　　　B. 先进先出　　　　C. 易取　　　　　　D. 后进先出

4. 食品的商标上除了包括一般性的商品标示外，还应标有（ ）等。
   A. 成分、配料表　　　　　　　　　B. 生产(保质)日期
   C. 说明书　　　　　　　　　　　　D. 保修卡

5. 冷柜的正确使用方法包括（ ）等。
   A. 商品标价牌不得放在冷气回风口上
   B. 进风口前 50cm 内不能堆放杂物
   C. 冷柜要定期彻底清洁
   D. 营业结束后要盖上夜间罩

6. 理货员在营业中的主要工作包括( )。

    A. 整理商品   B. 添补商品   C. 验收到货   D. 服务顾客

7. 禁止上架的商品包括( )。

    A. 过期的商品   B. 商标脱落的商品

    C. 变质的商品   D. 包装脱落的商品

8. 在营业中,理货员要不断巡视,进行( )等,保持商品的整齐美观。

    A. 归位整理   B. 配对整理   C. 折叠整理   D. 价签整理

三、判断题

1. 理货员可以直接与顾客进行交易。   ( )

2. 理货员管理好商品的陈列即可,不需要对顾客购物进行服务。   ( )

3. 在陈列商品时,不好卖的商品应当扩大排面以促进其销售。   ( )

4. 当货架的前层商品被买走后,应当将里层的商品外移,再将新货补充到里层。( )

5. 卖场肉品操作间的温度应控制在 13℃ 以内。   ( )

6. 为了节约能源,冷柜里的商品应当尽量堆满。   ( )

7. 理货员若发现货架上出现缺货、断货等情况,要填写补货单。   ( )

8. 当顾客向理货员询问购物处时,应予以热情解答。   ( )

项目四　门店导购——导购员工作岗位职责与操作

学习目标

- 了解导购员岗位的基本职责
- 熟悉导购员基本工作的内容及要求
- 明确导购员工作的主要作用
- 掌握导购员的营销与沟通技巧
- 具备导购员工作岗位的基本能力

项目导入

导购员是引导顾客购买、进行商品促销、直接从事销售的工作人员,是门店主要工作岗位之一。

一名合格的导购员必须了解导购员的岗位职责,熟悉本职工作的基本内容,掌握为顾客服务的基本要求,具备一定的商品知识、服务技巧和沟通能力。

王彦同学作为一名学习者,必须对门店导购员的工作职责、工作内容、工作要求有所了解,为将来所从事的店长管理工作打好扎实的基础。

任务一　了解导购员的岗位职责与要求

导购员是引导顾客购买,帮助其做出购买的决定,达到销售目的的工作人员,是门店的主要工作岗位。

一、导购员的任职资格

导购员必须具备下列资格：

1. 学历要求

导购员必须是具有高中、中职以上学历的人员。

2. 素质要求

导购员必须具有一定的责任心，道德品质良好，有较好的团队合作能力，身体健康。

3. 岗前培训

导购员在上岗前必须接受本公司的导购员岗前培训，达到相应的技能要求。

二、导购员的隶属关系

1. 所属部门

导购员所隶属的部门是营运部。

2. 直属上级

导购员的直属领导是各部门主管或领班。

三、导购员的岗位职责

导购员在具体的工作中通过现场恰切的举止和优质的服务，给顾客留下美好的印象，在商品质量保证的前提下形成购买冲动，从而促进门店的销售。导购员岗位职责的具体内容如下：

1. 基本要求

遵守公司的各项规章制度、员工守则和导购员的工作流程，了解门市运作的基本常识，熟悉卖场的商品分布，掌握商品管理的陈列、包装、市场调研等各项技能。

2. 销售前的准备工作

销售前的准备工作主要有以下六个方面的要求：

(1)注重个人仪表，保持良好的工作状态；

(2)搞好门店的环境、陈列设备和商品的卫生；

(3)阅读交接本，并对商品进行盘点；

(4)根据陈列商品缺货的情况及时补货，检查陈列商品是否符合陈列原则；

(5)了解是否开展促销活动，掌握商品变价或促销价；

(6)确认新品信息，熟悉有关的商品知识。

3. 销售中的工作

销售中的工作主要有以下六个方面的要求：

（1）采取针对性的销售方法为顾客热情服务，帮助顾客做好正确的购物选择；

（2）及时补充不足的商品，清理损耗及不良商品，并报告主管；

（3）关注来往顾客，做好防盗防损工作；

（4）及时处理当日到货（卸货、验收、上架、库存）；

（5）服从店长、助理店长和主管等领导的工作安排，及时完成交付的各项任务；

（6）养成随时随地做市场调研的习惯，比较竞争对手的相关商品情况，随时记录并报告给领班。

4. 下班前的各项工作

下班前的各项工作主要有以下五个方面的要求：

（1）检查货架及促销台商品是否陈列饱满；

（2）确认验收区的商品已经处理完毕；

（3）做好交接班笔记；

（4）做好卫生清洁工作；

（5）完成主管交代的工作。

四、导购员的岗位特点

1. 间接性

就商品交易而言，导购员不与顾客发生直接交易的行为，主要是为顾客进行购物指导，为顾客提供优质服务，从而促进门店的商品销售。

2. 多元性

就工作性质而言，要求导购员的素质是多元的。一是内在素质，知识丰富、洞察灵敏、处事果断、心胸开阔、幽默风趣、不屈不挠；二是外在个性，举止优雅、精神饱满、热情主动、表达清晰、有条不紊、耐心细致、服务周到、积极进取。

3. 细微性

就顾客服务而言，要求导购员对顾客的服务要细微周到。一是顾客至上，一见客人立即迎前服务；二是亲切微笑，面对顾客发自内心；三是积极主动，了解顾客需求与购物意向；四是耐心聆听，不厌其烦；五是语言委婉，不矫揉造作；六是姿态优雅，感觉亲切。

五、导购员的岗位知识

1. 顾客消费心理

（1）顾客消费心理的类型

消费者因个人的兴趣爱好、文化背景和经济状况等不同，形成了各种各样的消费心理。其主要表现为五种类型：一是求实心理，是指顾客购买的重点放在产品的内在质量、实际效用上,而对商品的造型、外观包装不太挑剔;二是好奇心理,是指顾客购买的动机以尝试为主要目的,选购商品常受到新鲜感的驱使,希望知道个究竟,而产生购买的行为;三是求廉心理,是指顾客以追求廉价、价格优惠为主的购买动机,在选购商品时着重打折或促销价格;四是求速心理,是指顾客在购买商品时希望得到快速方便的服务,着重时间与效率;五是求安心理,是指顾客在购买商品时以追求安全和健康为主要目的的消费心理,重视商品的安全卫生和无其他副作用。

（2）影响顾客消费的因素

影响顾客消费的因素主要有四个方面:一是价值观念。由于顾客的经济与文化的背景不同,形成了不同的价值理念,驱使其消费的动机。二是流行因素。顾客受到社会上时尚元素和热点的影响,能够形成消费的冲动。三是商品功能。顾客因生活与工作中对某功能需求而产生消费意愿。四是商品广告。广告是一种形象化展示,能引起顾客消费的心理,诱发顾客购买的欲望。

2. 商品介绍的常用方法

（1）引导法

引导法是指告诉顾客看产品要看哪些部分和怎么看。例如:介绍吸顶灯时,你要让顾客知道面罩怎么看（透光性、均匀、材质、设计、工艺、其他）,灯管怎么看（亮度、节能、显色性、寿命、材质、工艺等）,镇流器怎么看（无噪音、启动快、低辐射、寿命长及如何保护眼睛等）,底盘怎么看（材质、工艺、耐用程度等）,整个灯又是怎么看（各配件同一品牌、防伪、造型、安装使用、接线端子等细微之处）,并提醒顾客本产品的优势之处。

（2）体验法

体验法是指尽量通过顾客的体验,让其感受到产品的特质。例如:某节能灯的显色性好,可与其他品牌对比,先让顾客感觉灯光下显现出来的不同颜色,然后再作推荐。

（3）顺势法

顺势法是指介绍商品前要了解顾客的祝点,再根据其视点介绍产品,例如:某顾客面对快餐食品货架,导购员要确定顾客在留意某个产品,再根据顾客的需求介绍该产品,快速切入顾客的购买点。

（4）利益法

利益法是指推荐商品时,强调其物超所值,激发顾客的购买欲望。例如:介绍微波炉,有煮、烤、煎、蒸等功能,还有烹饪快、操作简单、安全卫生、使用便捷等特点,再结合白领工作的性质进行综合分析,能让顾客感到该商品的物超所值之处,从而产生购买的意愿。

六、促销员的岗位知识

门店促销方式主要有以下七种：

（1）价格折扣

价格折扣是指门店直接采用降价或折价的方式招徕顾客。价格折扣的实质是把门店应得的一部分利润转让给消费者，与其他促销工具相比，促销的冲击力最强。

（2）低价促销

低价促销是指将商品以低于正常的定价出售。其常见的形式是特价拍卖、折扣优惠、淡季促销等，由于办法简单，应用最为广泛。

（3）免费赠送

通常采用免费赠送的目的有五个方面：一是推广新产品；二是开拓新的销售区域；三是减少现有商品的存货；四是对抗同类产品的价格竞争；五是抑制市场销售额的下降。赠品分配主要可采取包装赠送的形式。包装赠送分为包装内赠送和包装上赠送，前者是在包装上注明赠送的内容，后者是将赠品商品附在包装上，用透明纸包扎。

（4）优惠券赠送

优惠券是指门店发放的、持券人在指定的地点购买商品时享受折价或其他优惠的凭证。优惠券可以直接送给顾客，也可通过商品或媒体发放，其可通过优惠券的兑换，促进商品的销售，提高市场的占有。

（5）商品展销

商品展销是通过商品集中展览陈列，方便消费者选购，吸引消费者购买，促进门店商品销售。商品展销有名优商品展销、季节性商品展销等形式，通过商品展销活动，可增加销售额，还可减缓库存压力。

（6）样品赠送

样品赠送是指向预期目标顾客免费赠送商品样品或免费体验本店的服务，以鼓励顾客试用的销售促进活动。样品赠送促销主要适应新产品，通过样品赠送活动吸引顾客参与，展示商品特性，培养品牌信赖者，从而将新产品顺利地打入市场。

（7）现场演示

现场演示是指在销售门店卖场直接向顾客做商品操作或服务的演示。目的在于将产品或服务的特点、性能，真实、准确、直观地传达给顾客，从而刺激其购买的兴趣，提高商品的销售。

一、活动背景

在结束本项目任务一的学习后,每个学习活动小组到一家连锁经营门店,运用学到的知识进行认识导购员的体验活动。

二、活动要求

请根据连锁经营门店导购员的工作情况,填写下表:

连锁门店名称	岗位职责描述	工作特点描述	工作内容描述

任务二　掌握导购员的工作过程与岗位技能

导购员的具体工作主要有三个阶段,即销售前的准备工作、销售中的工作和下班前的各项工作,主要技能体现在顾客服务、商品促销、商品整理、清洁卫生等方面。

一、营业前准备工作与技能

1. 检查商品陈列的情况

陈列商品检查的要点:正面朝外勿倒置;能竖不躺上下齐;左小右大低到高;商品标价要对准;仓板摆放一条线;端头高度一条线;地堆四角一条线;纸箱开口一条线;前置陈列一条线;上下垂直一条线;排列方向一条线;标牌标志一条线。导购员要根据上述的检查要点,对责任区的陈列商品进行整理。

2. 进行商品补货

导购员依据商品陈列的原则,按照端架、地堆、促销区、排面的顺序,依次对

DM 商品、促销商品、A 类商品、普通商品进行整理,并将变质、破损、逾期的商品撤出货架。

3. 做好促销活动的准备工作

导购员根据促销的主题与促销策略合理布局产品的展示,调整产品堆头,更换POP、吊旗和海报,并检查赠品、促销商品是否充足和整洁,保证促销活动的顺利进行。工作通常需要与理货员一起配合,并共同实施。

4. 清扫门店环境

首先,导购员用扫把打扫门店前的场地、车道等区域,清除地面的烟蒂、纸屑、痰迹、落叶等垃圾,并用水进行冲洗。其次打扫店内的营业区和理货区,用推尘、玻璃刮、抹布和清洁剂对地面、门窗玻璃、广告、扶梯台阶和扶手等进行清洁,保持门店的良好购物环境。

(1)清洁工作的程序。

店内清洁工作程序如下(见图 4—1):

扫地 ▸ 拖地 ▸ 擦货架 ▸ 擦玻璃 ▸ 擦空调机滤网 ▸ 倒拉圾

图 4—1　店内清洁工作程序

(2)清洁工作的要求。

清洁工作的具体要求如下:

①扫地要对门店内外进行全面清扫,扫把为两把(见图 4—2),分别用于门店外和门店内,用于门店外的扫把不能用于门店内。

②拖地要在清扫后进行,拖地前后要清洗拖把,拖地时拖把不可太湿,并将"小心地滑"告示牌(见图 4—3)放置于明显处予以提醒。

图 4—2　扫把　　　**图 4—3　告示牌**

③擦货架使用蓝色的抹布与清洁剂由上而下进行擦拭,先取出商品放置购物篮内,货架清洁后,再用干抹布擦拭商品,放在指定位置。

④擦玻璃时,应将自动门感应器改为手动,先将玻璃清洁剂喷洒在玻璃上,用半湿布由上而下擦拭(见图4-4),包括四周铝框,再用报纸擦净,如果是商品玻璃处,要用酒精擦拭。

⑤擦空调机滤网时,先关闭电源、卸下滤网,轻拍过滤网上的灰尘,用水冲洗(见图4-5),再用中性洗涤剂刷洗,置于阴凉处自然干燥,然后安装、擦净空调风口。

图4-4 擦玻璃

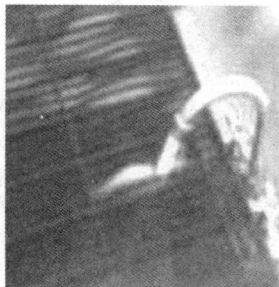

图4-5 擦空调机滤网

⑥倒垃圾时,要将塑料垃圾袋进行十字打结,及时放在指定处。

二、营业中的主要工作与技能

1. 提供优质服务

（1）热情迎客

当顾客进入门店时,导购员向顾客微笑,并亲切问候"欢迎光临",并对来客45°鞠躬行礼。

（2）热心服务

当顾客的目光移向货架或光临时,导购员立即向其致意,"您好","有什么需要帮助的吗?"当顾客在选购商品时,导购员应热情介绍,并在与顾客1米的距离等候顾客所需服务,让顾客既能切身感受到热心服务,又避免强制推销的感觉。

当导购员正在为顾客服务时,又来了一位顾客。这时导购员要向后者说:"对不起! 请您在这边看一下,有需求的话请告诉我,我随时乐意来为您提供服务。"

当顾客欲购买的商品缺货时,导购员应立即到仓库调拨。如果无货,向顾客说"对不起,您要的商品暂时卖缺了",与此同时向其介绍其他同类商品。如果顾客坚持要购买时,对顾客说:"能否留下您的电话,货一到立即通知您",并将顾客的姓

店员操作实务

名、联系电话、需购商品等情况登记在《顾客求购商品登记本》上。然后,立即告知店长或助理店长落实货源,如果本班次无法落实的,应交接给下一班次去执行,到货后及时通知该顾客。

当顾客购物较多时,导购员应主动帮助其将商品送到收银处,遇到身体残障的顾客,要给予特殊的照顾。

(3)热情送客

商品成交后,导购员有礼貌地向顾客道别:"请拿好您的东西,谢谢,再见! 欢迎再次光临!"

服务情景语言一栏表

情景	语言表达
迎接顾客	欢迎;您好;欢迎光临;谢谢惠顾;有什么需要帮助的吗?
介绍商品	如果需要的话,我可以帮您参谋参谋;这几个牌子的商品都不错,请您看看;这种货品规格、型号、款式都比较适合您,请您试一下;您喜欢哪一种,这里有样品,可以打开试试看;这种是进口产品,价格虽然贵一点,但质量好,功能多,许多顾客都喜欢买;这种商品做工精细,价格便宜,您看看是否喜欢;这个品种还有几个款式,您再看一下;这种商品美观实用,价格不高,买回去送朋友或自己用都很好;这种款式虽然很新潮,但似乎不适合您,我给您推荐另一种吧。
顾客久等	让您久等了;对不起,让你们等候多时了。
顾客稍等	对不起,请您稍候;好,我马上就来;麻烦您等一下。
缺货情形	很抱歉,您要的商品暂时无货,方便的话请留下您的姓名和联系电话,一有货马上通知您,好吗? 实在很抱歉,过几天到货,请您抽空来看一看。
不确认时	对不起,我没听清楚,请重复一遍好吗?
招揽顾客	对不起,我可以占用一下您的时间吗? 对不起,耽搁您的时间了。
致歉顾客	很抱歉,打扰您了;实在对不起,给您添麻烦了。
顾客致谢	请别客气,很高兴为您服务;不用客气,这是我应该做的。
顾客致歉	没有关系的,请别客气。
送客时	再见,一路平安;再见,欢迎您下次再来。

2. 开展各种促销活动

促销是指运用心理与价格的各种因素,吸引顾客光临门店消费,提升营业额,增强公司的知名度。连锁企业的促销基本形式如下:

(1)降价促销

降价促销是指公司基于一定的策略,利用产品降价,在一个时期内快速占领市场,提升市场占有率的促销行为(见图4-6)。导购员在降价促销期间,做好促销价签的准备工作,备足促销产品,布置促销现场的环境,渲染促销气氛,并积极引导顾客消费。

（2）赠品促销

赠品促销是指公司基于一定的策略，利用顾客的消费心理，对某个商品实施馈赠，达到其销售额大量提升的行为。赠品促销有两种形式：一是直接赠送，要求顾客消费达到一定金额的给予指定物品的赠送（见图4—7）；二是附加赠送，即赠品是随附一种商品一同进行销售，但赠品不计收费。导购员在赠品促销期间，应备足赠品，如果采用附加赠送的形式，还要做好赠品与销售商品的组合，并积极引导顾客进行消费。

图4—6　欢迎选购

图4—7　新产品赠送

（3）换购促销

换购促销是指公司基于一定的策略，规定顾客购货达到一定金额后，可支付优惠价换购一件其他商品，以吸引顾客参与的特殊活动，达到商品的促销目的。导购员在换购促销期间，应积极做好宣传，布置相应的海报，引导顾客积极参与。

3. 随时进行补货

理货员将标好价格的商品，根据商品的陈列位置，依据商品陈列的原则，定时或不定时地将商品补充到货架上。定时补货是指在非营业高峰时段进行的补货；不定时补货是指只要货架上的商品处于即将售完的状态，就要立即进行补货，以免由于缺货而影响销售。

4. 做好交接班记录

各货架的交接班记录本是每日交接工作中一些重要的工作动态记录，目的是提醒下一班工作中的重要事项或要求，以及需要接着处理的事务。交接班笔记的主要内容如下：

（1）贵重商品的记录

贵重商品的交接须由两个班次的人员共同进行清点并作记录，双方确认无误后签字。

（2）待处理问题的记录

对上班次店长或店长助理交代的工作或其他未完成的事项要进行记录,告知已完成的内容或程度,以及下一班次完成的内容、要求和时间等。两个班次的人员共同签名认可后,交下一班次人员进行处理。

(3)需要告知的其他事项

上班次导购员须将总部各部门、门店的各项通知、要求、注意事项、发生的特殊事件等各种事项进行登记,并由下班次交接导购员负责相互转告同班次其他相关人员。

交接班通常是在各自货架前或工作地点进行,不得影响正常的营业秩序。工作交接完毕后,上班次人员应立即离开交接地,不得影响下班次人员的工作。

三、下班前的主要工作与技能

1. 送好顾客

营业时间临近结束、乃至到关店的时间,只要店内还有顾客,便要耐心、认真、热情、细致地接待顾客,不得以任何理由和方式催促或怠慢顾客,直至送其离开。

2. 清点商品

对贵重商品及有要求的商品进行清点数量、对数,整理票据,必要时应核计销售,与收银员进行对数,并填入记录本内。将贵重商品、计算器、发票及其他贵重物品放入指定位置,并上锁。

3. 查看货架陈列商品

导购员如果发现货架上出现缺货、断货等情况,要填写补货单。如果发现货架上的商品出现空当,要及时拉好排面。

4. 清洁卫生

当顾客全部离开门店后开始清洁工作,清扫各自的卫生负责区,并将垃圾集中倒入垃圾袋。

5. 安全检查

导购员离开门店前应检查火种、水、电和门窗锁等各种设备设施,切断货架所有电器的电源,查看有没有留在店里的顾客,关闭负责区的电灯和门窗,确认安全后填写安全检查记录。

四、促销员的主要工作

促销员是连锁超市供应商在本店从事促销活动的员工。促销员通过各种有效的促销手段吸引顾客,促进其购买欲望,以提高卖场商品的销售。

1. 促销品的管理

(1)促销品的码放

促销品按照预先陈列计划进行码放，可根据到货情况进行修正。货架促销品的陈列同正常商品陈列一样，但须随时保持丰满、充足。销量大的商品优先做堆头，端架促销品的库存区尽量与其陈列位置相近。

（2）促销品的搭配

在堆头和端架上的促销品，可搭配一些相关性商品，如卖儿童食品，可搭配儿童玩具等。

2. 促销活动的开展

明确促销活动的目的，做好促销活动的宣传，选择有利的时间，发挥连锁型门店的规模经营优势，通过开展统一的促销活动，优化商品结构，介绍新商品，刺激顾客消费，来提高商品的销售额。

3. 促销品的补货理货

经过一个时段的促销活动，货架与货柜等处所陈列的促销品会出现不全或缺货的现象，应及时补货。货架上陈列促销品要随时保持丰满、整齐。促销员如果发现促销商品缺货或断货现象，要及时通知供应商供货。

4. 促销活动的评估

促销活动评估主要包括四个方面的内容：

（1）促销主题的合理度

促销主题是否针对整个促销活动的内容，促销内容、方式、口号是否富有新意、吸引人，促销主题是否抓住了顾客的需求和市场的卖点。

（2）促销商品选择的正确度

促销商品能否反映门店的经营特色，是否选择了顾客真正需要的商品，是否给顾客增添了实际利益，能否帮助门店或供应商处理积压商品，促销商品的销售额与毛利额是否与预期目标相一致。

（3）供应商的配合度

供应商对门店促销活动的配合是否积极，供应商品是否及时、数量是否充足。

（4）促销员的主动度

促销员工作是否达到门店要求，工作是否有闯劲，是否具有团队合作精神，工作是否受顾客欢迎。

金牌店员要则 ➤ ### 商品促销要诀

● 语为人镜、言为心声，运用规范的语言艺术切入促销重点，拉近顾客距离，完成销售行为。

店员操作实务

🧳 体验活动

一、活动背景

在结束本项目任务二的学习后，每个学习活动小组到一家连锁经营门店，运用学到的知识进行认识导购员的体验活动。

二、活动要求

请根据连锁经营门店导购员的工作情况，填写下表：

连锁门店名称	操作技能内容	仪容仪表内容	顾客沟通内容

职业技能训练

一、单项选择题

1.（   ）是引导顾客购买、进行商品促销、直接从事销售的工作人员，是门店主要工作岗位之一。

    A. 收银员　　　　　　B. 店长　　　　　　C. 导购员　　　　　　D. 防损员

2. 导购员隶属于（   ）。

    A. 企划部　　　　　　B. 财务处　　　　　　C. 采购部　　　　　　D. 营运部

3. 下列不属于导购员下班前的工作要求的是（   ）。

    A. 为顾客热情服务，帮助顾客做好正确的购物选择

    B. 检查货架及促销台商品是否陈列饱满

    C. 做好交接班笔记

    D. 做好卫生清洁工作

4. 在顾客消费心理的类型中，（   ）是指顾客购买的重点放在产品的内在质量、实际效用上，而对商品的造型、外观包装不太挑剔。

    A. 好奇心理　　　　　B. 求实心理　　　　　C. 求廉心理　　　　　D. 求安心理

5.（　　）是指尽量通过顾客的体验，让其感受到产品的特质。

A. 引导法　　　　　　B. 体验法　　　　　　C. 顺势法　　　　　　D. 利益法

6. 下列不属于导购员营业前的准备工作的是（　　）。

A. 检查收银台周边情况　　　　　　B. 检查商品陈列的情况

C. 进行商品补货　　　　　　D. 清扫门店环境

7. 店内清洁工作正确的程序是（　　）。

A. 扫地、擦货架、拖地、倒垃圾

B. 拖地、扫地、擦空调机滤网、倒垃圾

C. 扫地、拖地、擦玻璃、倒垃圾

D. 擦货架、扫地、擦空调机滤网、倒垃圾

8. 下列不属于导购员在下班前应该完成的主要工作的有（　　）。

A. 送好顾客　　　　　　B. 清点商品

C. 查看货架陈列商品　　　　　　D. 做好促销活动的准备工作

二、多项选择题

1. 导购员在销售中的工作要求包括（　　）等。

A. 及时补充不足的商品，清理损耗及不良商品，并报告主管

B. 及时处理当日到货（卸货、验收、上架、库存）

C. 关注来往顾客，做好防盗防损工作

D. 服从店长、助理店长和主管等领导的工作安排

2. 导购员的岗位特点包括（　　）。

A. 间接性　　　　　　B. 直接性　　　　　　C. 多元性　　　　　　D. 细微性

3. 导购员应具备多元化的素质，其中导购员的内在素质包括（　　）等。

A. 洞察灵敏　　　　　　B. 心胸开阔　　　　　　C. 处事果断　　　　　　D. 知识丰富

4. 导购员对顾客的服务要细微周到，具体体现在（　　）。

A. 顾客至上，一见客人立即迎前服务

B. 亲切微笑，面对顾客发自内心

C. 积极主动，了解顾客需求与购物意向

D. 语言委婉，不矫揉造作

5. 顾客的消费心理可以分成（　　）等类型。

A. 求实心理　　　　　　B. 好奇心理　　　　　　C. 求速心理　　　　　　D. 求安心理

6. 下列属于影响顾客消费的因素的有（　　）。

A. 价值观念　　　　　　B. 流行因素　　　　　　C. 商品功能　　　　　　D. 商品广告

7. 导购员对商品介绍的常用方法包括（　　）。

A. 引导法　　　　　　B. 体验法　　　　　　C. 顺势法　　　　　　D. 廉价刺激法

8. 连锁企业的促销基本形式包括（　　）。

A. 降价促销　　　　　　B. 赠品促销　　　　　　C. 换价促销　　　　　　D. 换购促销

店员操作实务

三、判断题

1. 导购员的学历要求是必须是具有高中、中职以上学历的人员。　　　　　（　　）

2. 导购员应该遵守公司的各项规章制度，熟悉卖场的商品分布等，但无需了解门市的运作。　　　　　（　　）

3. 导购员应养成随时随地做市场调研的习惯，比较竞争对手的相关商品情况，随时记录并报告给领班。　　　　　（　　）

4. 导购员主要是为顾客进行购物指导，会与顾客发生直接的交易。　　　　　（　　）

5. 顾客的求实心理是指顾客以追求廉价、价格优惠为主的购买动机，在选购商品时着重打折或促销价格。　　　　　（　　）

6. 利益法是指推荐商品时，强调其物超所值，激发顾客的购买欲望。　　　　　（　　）

7. 当顾客欲购买的商品缺货时，导购员直接告知顾客无货。　　　　　（　　）

8. 在查看货架陈列商品的时候，导购员如果发现货架上出现缺货、断货等情况，要填写补货单。　　　　　（　　）

项目五　门店收银——收银员的
岗位职责与操作

学习目标

- 了解收银员岗位的基本职责
- 熟悉收银员工作程序、内容及要求
- 明确收银员工作的主要作用
- 掌握收银员的操作与沟通技巧
- 具备收银员工作岗位的基本能力

项目导入

收银员是指在商业零售企业从事面向顾客收取现金的工作人员，是门店主要工作岗位之一。一个合格的收银员必须了解收银员的岗位职责和工作纪律，熟悉收银员工作岗位的特点，掌握收银工作程序、工作内容、操作要求，具备一定的收银知识、服务技巧和沟通能力。

作为一个学习者，必须对门店收银员的工作职责、工作纪律、工作程序、工作内容、工作要求有所了解，为将来所从事的店长管理工作打好扎实的基础，张璐同学带着这些想法进入了本项目的学习。

任务一　了解收银员的岗位职责与要求

在整个收银作业的流程中，收银员除了为顾客提供结账的服务以外，还要为顾客提供资讯服务，负责现金作业与损耗预防的管理工作。

一、收银员的任职资格

收银员必须具备下列资格：

1. 学历要求

收银员必须是具有高中、中职以上学历的人员。

2. 素质要求

收银员必须具有一定的责任心，道德品质良好，有较好的团队合作能力，身体健康。

3. 岗前培训

收银员在上岗前必须接受本公司的收银员岗前培训，达到相应的技能要求。

二、收银员的隶属关系

1. 所属部门

收银员所隶属的部门是营运部。

2. 直属上级

收银员的直属领导是店长或收银主管。

三、收银员的岗位职责

收银员可通过热情的服务、娴熟的收银操作、细心的工作态度为顾客提供优质的服务，吸引更多的回头顾客，达到提升门店销售的效果。收银员岗位职责的具体内容如下：

1. 基本要求

基本要求有以下六个方面：

(1)需遵守公司与门店有关的各项规章制度；

(2)具有收银业务运作能力；

(3)具备操作各种收银设备的技能；

(4)具有一定的收银操作服务意识和协作意识；

(5)具备基本的计算机知识；

(6)具有识别假钞的能力。

2. 营业前的准备工作

营业前的准备工作要求主要有以下六个方面：

(1)清扫整理收银台和收银作业区,保持 POS 收银机、收银台及作业区的环境清洁;

(2)补充必备的物品,将空白收银纸、购物袋、记录本、笔、抹布、剪刀等放在指定位置;

(3)准备好一定数量的备用金,按币值分类放入钱箱内;

(4)检查收银机状态,保持条码扫描仪、磁卡读写器、打印机、网络的正常运行;

(5)整理服饰仪容,保持仪容、仪表清爽整洁;

(6)熟记当日特价与调价商品以及这些商品与促销商品所处的具体位置。

3. 营业中的工作

营业中的工作要求主要有以下六个方面:

(1)主动招呼顾客或为顾客提供咨询服务;

(2)热情为顾客进行结账、装袋服务,并双手提交收银条;

(3)收银作业中如要取消一笔或部分交易,须及时报告收银主管处理;

(4)收银作业中如发生顾客要求退换货时,须及时报告店长,由其处理;

(5)收银作业中无结账作业时,应整理收银台前的商品,处理顾客废弃小票,保持收银台及周围环境的清洁。

(6)收银主管或店长对收银员进行随机抽查,将检查结果记录在门店记录本上。

4. 下班前的各项工作

下班前的各项工作要求主要有以下五个方面:

(1)整理作废的各种优惠券或抵用券,以及收银台周边的购物篮,清洁作业区的环境;

(2)结算营业总额,填写各类报表,现金清点无误后放入门店保险箱内,不可用门店的包装袋作为钱袋;

(3)按公司的规定留用备用金,须放入保险柜内,并在登记本上签名;

(4)收银如有损益,报告收银主管或店长进行处理并记录;

(5)关闭收银机电源,锁好收银专章及办公用品,交出钥匙,罩好机罩。

5. 收银作业纪律

收银作业纪律有以下八个方面:

(1)收银员在收银作业时身上不可带现金,以避免不必要的误解;

(2)收银台上不可放置任何私人物品,以避免引起不必要的误会;

(3)收银员不可擅自离开岗位,以避免不必要的损失以及顾客的抱怨;

(4)收银员尽可能不为自己的亲朋好友结账,以避免引起不必要的误会;

（5）收银员在扫描前检查一下购物车内有没有遗漏物品，以避免漏付现象。

（6）收银员在作业时，应随时注意店内动态，发现异常现象及时通知主管或店长；

（7）收银员在作业时，不可随意打开收银机抽屉清点现金，以免引起误解或安全隐患；

（8）离开收银台时，将现金全部锁入收银机的抽屉里，随身带走钥匙，并置放"暂停收款"牌，用链条拦住收银通道。

四、收银员的岗位特点

1. 正确性

在收银操作时，收银员必须精力高度集中，准确收款找零。如操作失误，发生错款现象，不仅自己要承担损失赔偿，还会影响企业的形象，将给企业经营带来负面作用。

2. 便捷性

在收银操作时，收银员不仅要做到正确，还要快速，尽量减少顾客的等候时间。尤其是在营业高峰及节假日期间，收银员的准确快捷作业能提高顾客的满意度。

3. 安全性

收银员要提高识别假币的能力，重视收银台的安全，防止钱款失窃，并要随时观察周围人员情况，发生可疑行迹及时报告主管、店长等有关人员。

4. 规范性

收银员必须按照公司规定的收银员工作纪律执行，在收银机的开启、结算、修正、收银机关闭等方面必须进行规范操作，禁止随意操作。

五、收银员的岗位知识

1. 收银作业区

以收银台为中心的收银作业区，一般设在卖场的出口处。收银台的数量根据卖场总营业面积而定，通常大型卖场每 200m²、中型卖场每 150m²、小型卖场每 100m² 设置一个收银台，并能满足每小时 500～600 人服务量的标准。

2.POS 系统

POS 系统是以商业环境为中心，为商品交易和内部调配商品提供服务和实时管理的信息管理系统。条码 POS 系统由以下两部分构成：

（1）硬件设备

POS 系统的硬件结构主要由前台硬件设备和后台硬件设备组成。主要有六个部分：一是 POS 收银机。一般把柜台服务的区域称为前台，收银机是前台的主要设备,置于结账台。二是条形码扫描器。其与收银机相连,可取代人工键入的传统方式,减少差错率,提高结算效率。三是磁卡阅读器。其与收银机和银行自动接收中心连接,通过划卡完成对信用卡的处理。四是后台电脑。后台是指电脑及周边的设备。五是印表机。印表机按打印方式可分为点矩阵式、激光式、喷墨式、热感式多种,后台一般都使用点矩阵式。六是条码打印机。由于我国目前条码化率较低,使用条码 POS 系统则必须配备条码打印机。

(2)软件设备

POS 系统的软件也分为前台和后台,其功能不同。前台 POS 系统软件有五个功能:一是日常销售。完成日常的售货收款工作,记录每笔交易的时间、数量、金额,进行销售输入操作。二是交班结算。进行收款员交班时的收款小结、大结等管理工作,计算并显示出本班交班时的现金及销售情况,统计并打印收款机全天的销售金额及各店员的销售额。三是退货。其记录退货商品种类、数量、金额等,便于结算管理。四是支持各种付款方式。如现金、支票、信用卡等不同的付款方式,以方便不同顾客的要求。五是即时纠错。在销售过程出现的错误能够立即修改更正,保证销售数据和记录的准确性。

后台 MIS 软件有七个功能:一是商品入库管理。对入库的商品进行输入登录,建立商品数据库,以实现对库存的查询、修改、报表及商品入库验收单的打印等功能。二是商品调价管理。由于有些商品的价格随季节或市场等情况而变动,本系统应能提供对这些商品所进行的调价管理功能。三是商品销售管理。根据商品的销售记录,实现商品的销售、查询、统计、报表等管理,并能对各收款机、收款员、店员等进行分类统计管理。四是单据票证管理。实现商品的内部调拨、残损报告、变价调动、仓库验收、盘点报表等各类单据票证的管理。五是报表打印管理。主要包括时段销售信息报表、店员销售信息报表、部门销售统计报表、退货信息报表、进货单信息报表、商品结存信息报表等,并实现商品销售过程中各类报表的分类管理功能。六是销售分析预测管理。POS 系统的后台管理软件能提供完善的分析功能,包括畅销商品分析、滞销商品分析、某种商品销售预测及分析、某类商品销售预测及分析等,分析内容涵盖进、销、调、存过程中的所有主要指标,同时以图形和表格方式提供给管理者。七是数据维护管理。完成对商品资料、店员资料等数据的编辑工作,如商品资料的编号、商品名称、进价、进货数量、核定售价等内容的增加、删除、修改;店员资料的编号、姓名、部门、班组等内容的编辑。其他功能还有:商品进货处理、商品批发处理、商品退货处理;收款机、收款员的编码、口令管理,各类权限控制;对本系统所涉及的各类数据进行备份,交易断点的恢复等。

3. 收银机

收银机主要起到支持商品销售,支持商品、人员管理,支持简单的销售统计分析等重要功能。收银员应重点掌握以下知识技能：

（1）POS 收银机的种类

POS 收银机的种类主要有以下四种：

①传统型收银机。其功能较少，只能提供日报表、时段报表等标准报表，无法做到单品分析，是为前台交易专门设计和开发的，具有较强的针对性和安全保密性。

②PROPOS 收银机，即专业型收银机。其具有传统型收银机操作方便的特征，又具有 POS 收银机的部分功能。

③标准型 POS 收银机。其可与后台电脑相连接，后台电脑将商品信息传至前台收银机，前台收银机将销售资料传给后台电脑，后台电脑再将资料处理成有用的分析报表。

④三机一体的 POS 收银机，即将电脑台机、屏幕及收银机结合成一体，使之用于柜台服务的收银机，其既可作收款机使用，又可作 PC 机使用。

（2）收银机的组成

收银机一般由以下两部分构成：

①条形码扫描器是接受商品条形码的信息，有固定式和手动式两大类。

②电子收款机是接受条形码扫描仪内的条形码，根据条形码在收款机中存有的商品数据库中找到该商品的品名、单价等相关信息，并计算本次销售的实际总额。电子收款机由六个部分构成：一是键盘。收款机的键盘一般有 35 个键。数字键（0～9 数字）、运算键、促销控制键（折扣）、付款方式键（现金、支票、外币、信用卡、礼券等）、取消/更正键、交易结束键（小计、合计）、部门分类键、锁定密码键、税率计算键、币值交换键、报表打印键、自由设定键等。二是微型票据打印机。用于打印交易文字票据的机器，通常每一台主机配置两台打印机，同时自动打印票据，一份留底，一份给顾客，或一台打印机打印一式两份的票据。三是顾客显示器。顾客显示器是面向顾客显示购买商品的品名、价格、数量及总计金额的仪器，按"总计"键后会显示商品总价，输入顾客付款现金按"现金"键后，会显示找零金额。四是 PC 机。PC 机和一般的电脑差不多，有硬盘、软盘，还有网卡等。五是收银箱。与收款机相连，柜中有若干小格和夹子，用来存放现金的扁形金属柜，有电子锁，开关由收款键控制。六是刷卡机。刷卡机是用来完成信用卡或储蓄卡结账的工具。

（3）收银机操作程序

收银机操作程序有十个步骤：第一步开机。打开收银机的电源开关，等待机器的启动，点击"联网销售"，进入"前台登录窗口"。第二步登录。在"员工登录"窗口，先输入正确的员工号，按下"回车"键，再输入口令，按下"回车"键进入"前台销售窗口"。第三步输入交易明细。将商品进行扫描，显示出该商品的名称、单价等信息,然后在"数量"栏中输入销售数量,如输错可直接修改。如果扫描不出商品信息,可在"前台登录窗口"中的"货号"栏输入商品代码。第四步交易开票。按下"开票"键,进入交易开票窗口,屏幕右上角第二行将显示当前交易的"应收"金额,在"预付"金额中输入顾客所付的金额数,按下"回车"键后显示出"应找"金额,再按下"开票"键,当前交易即完成。第五步退货。如有退货,则在"前台销售窗口"中按下"退货"键,进入"退货"窗口,屏幕显示"经办人登入的窗口",说明当前登入的收银员没有"退货"权限。第六步冲账。冲账就是对已经做过的交易产生一笔新的交易使之相互冲抵,在"前台销售窗口"中按下"冲账"键,进入"冲账"窗口,选择某一笔交易,进行冲账,如果屏幕显示"经办人登入的窗口",说明当前登入的收银员没有"冲账"权限。第七步修改口令。在"前台销售窗口"中,按下"功能""1",出现修改口令框,先输入旧的口令,再输入新的口令二遍,必须一致。第八步暂停与恢复。收银员临时离开收银台,按"暂离"键,恢复再次按"暂离"键,如果收银员离开收银台,须按"挂单"键,恢复按"取单"键。第九步退出。在"前台销售窗口"中,按下"回车"键,退回到"员工录"窗口,等待下一个员工登录。第十步关机。按"ESC"键返回系统启动窗口,点击"退出系统",POS机操作系统就会自动关机。

(4)收银机键盘操作

收银机键盘操作有两种情况:一是 POS 编程键盘操作,由企业根据需要进行设定,并将其功能贴在键上,方便收银员使用;二是 POS 固化编程键盘操作,根据企业的要求定义键盘,写进芯片永久保存,并将定义好的功能键名称印刷在每个按键上。

(5)收银机维护

虽然不同的 POS 收银机的操作规程有所差异,但其在维护和保养方面的要求则是基本一致的。具体有六个方面:一是应保持机器外表的整洁,不允许在机器上摆放物品,做到防水、防尘、防油;二是动作要轻,特别是在开启、关闭收银箱时要防止震动;三是电源线的连接应安全和固定,不能随意搬动机器和拆装内部器件;四是断电关机后,至少在一分钟后开机,不能频繁开、关机,并经常检查打印色带和打印纸,及时更换色带和打印纸,保持打印机内部的清洁;五是定期清洁机器,除尘、除渍;六是做到能熟练排除一般故障,保持机器的正常运转等。

4. 商品条形码

商品条形码简称商品条码,是指将表示一定信息的字符转换成用一组黑白或彩色相间的平行线,按一定的规律排成组合而形成的特殊图形符号。其优点是准确度高,输入速度快,制作容易,设备经济实用。

(1)条形码种类

①UPC 条码,主要在美国、加拿大广泛使用。美国的 UPC 条码系统中条形码

共有 5 种版本：一是 UPC－A。用于普通商品，由 12 位数字组成。第 1 位字符（国别码）代表商品的国家和地区，第 2～6 位字符（厂商码）代表商品的生产厂家，第 7～11 位字符（产品码）代表商品的代码，第 12 位字符（校验码）代表扫描成功的依据。二是 UPC－B。用于药品、卫生用品。三是 UPC－C。用于产业部门。四是 UPC－D。用于仓库批发部门。五是 UPC－E。用于商品短码。

②EAN 条码，主要用于欧洲国家和我国，比 UPC 的使用更为广泛。国际物品编码 EAN 系统协会分配给我国的前缀码为"690"、"691"和"692"。EAN 条码系统中有两种版本：一是 EAN－13 是完整的商品条形码，由 13 位字符组成。第 1～3 位字符（国别码）代表商品的国家和地区，第 4～7 位字符（厂商码）代表商品的生产厂家，第 8～12 位字符（产品码）代表商品的代码，第 13 位字符（校验码）代表扫描成功的依据。二是 EAN－8 是缩短条形码，由 8 位字符组成。第 1～2 位字符（国别码）代表商品的国家和地区，第 3～7 位字符（商品码）代表商品的代码，第 8 位字符（检验码）代表扫描成功的依据。

③店内码，是一种自行印制的仅供店内使用的条码，不对外流通。其有两种：一是自编条码。因商品没有原码，则由门店自己编制条码。二是 NONPLU 码。是指随机称量的销售商品，这些商品经过电子秤的称重自动进行编码，然后打印出条码标签，再贴在商品包装上。这种零售商编制的代码，只能用于门店内自动化管理系统。

（2）条形码应用

条形码的应用范围如下：

①商品流通管理。具体表现为六个方面：一是收货，由店员手持无线手提终端通过扫描货物自带的条码，确认货号，再输入此货物的数量，无线手提终端上便可马上显示此货物是否符合订单的要求，无误后将货物入库。二是入库和出库，入库和出库的操作与第一方面的相同，防止有些货物收货后直接进入门店而不入库的现象。三是点仓，由店员手持无线手提终端扫描货品的条码，确认货号与数量，所有的数据都会通过无线网实时性地传送到主机。四是查价，店员手提无线手提终端，腰挂小型条形码打印机，按照无线手提终端上的主机数据检查货品的变动情况，对应变而还没变的货品，马上通过无线手提终端连接小型条形码打印机打印更改后的全新条码标签，贴于货架或货品上。五是销售，通过 POS 系统对产品条形码的识别，体现等价交换。六是盘点。盘点有两种：其一是抽盘，指每天的抽样盘点，由店员手拿无线手提终端，按照通过无线网传输过来的电脑主机指令，到几号货架扫描指定商品的条形码，确认商品后对其进行清点，然后把资料通过无线手提终端传输至主机，主机再进行数据分析；其二是整盘，即定期进行整店盘点，把店铺分成若干区域，分别由不同的店员负责，通过无线手提终端得到主机上的指令，

按指定的路线、指定的顺序清点货品,然后不断把清点资料传输回主机。

②客户的管理。主要应用于会员制门店管理:新顾客要进行消费,先到客户服务中心填好入会表格,由服务中心为客户照相,在8秒钟之内将条形码影像会员卡发到客户手上。卡上有客户的彩色照片、会员编号、编号条码、入会时间、类别、单位等资料。客户凭卡进入门店选购商品或服务,结账时出示会员卡,收款员通过扫描卡上的条码确认会员身份,并把会员的购物信息储存到会员资料库,方便以后使用。

③供应商的管理。主要是规定供应商所供应的商品必须有条形码,以便进行商品的追踪服务。供应商必须把条形码的内容告知门店,门店通过商品的条形码进行订货。

(3)条形码扫描

条形码扫描要做到快速扫描、一次扫描和无漏扫描,通常要求90秒扫描40件商品。扫描时,依次将每件商品的条形码正对激光平台或扫描器轻轻一扫,当听到"嘟"一声,商品信息即输入到收银机,即条形码扫描成功。如果扫描失败,要采用键盘将条形码数字录入,其又称为人工扫描,其通常要求40秒输入20个条形码。

5. 商品消磁

商品消磁是指对固定在商品上的防盗标签进行解除磁性的操作。销售商品常用的防盗标签分为两种:一是软标签,外形似价格标签的纸条;二是硬标签,需要使用特定的硬标签拔出器、取钉器、开锁器等工具,将包装上的坚固标签除去。商品消磁要做到快速消磁、无漏消磁,保护商品。

6. 设零与兑零

设零是指收银主管在每台收银机的现金抽屉内放入起始零用金,包括各种面值的纸钞和硬币,数额由各门店根据营业现况决定,每台收银机起始零用金相同,保证在营业期间的正常收银。兑零是指营业时间内为收银机提供的兑换零钱,当收银员提出兑零请求,由收银主管在现场进行交换兑零,并由双方共同确认金额。

7. 清点钞票

清点钞票是一项技术性很强的工作,要求迅速、准确并能鉴别真假。掌握点钞技能,是收银员必备的业务素质。

(1)点钞基本要求

点钞基本要求有三个方面:一是准,就是票币清点不错不乱,准确无误;二是快,在准的前提下,加快点钞速度,提高工作效率;三是好,就是清点的票币要符合点准确、挑净、墩齐、捆紧、盖章清楚的要求。

(2)点钞基本程序

点钞基本步骤是:首先是拆把持钞,把待点的成把票币的封条拆掉,并按正确

店员操作实务

的姿势持钞；其次是清点记数，手点钞，脑记数，点准一百张；最后墩齐扎把，把点准的一百张票币墩齐，用腰条扎紧；最后盖章，在扎好的票币的腰条上加盖经办人名章，以明确责任。

（3）点钞基本要领

点钞基本要领有八个方面：一是坐姿端正，正确的坐姿应该是直腰挺胸，身体自然，肌肉放松，双肘自然放在桌上，持票的左手腕部接触桌面，右手腕部稍抬起，活动自如；二是用品定位，点钞时使用的印泥、图章、水盒、腰条等要按使用顺序固定位置放好，方便点钞时使用；三是开扇均匀，使用各种点钞方法时，都应将票币打开成微扇形或坡形，便于捻动，防止夹张，能提高点钞的速度和准确性；四是点数准确，要做到精神集中，定型操作，手脑并记，手、眼、脑紧密配合；五是票币墩齐，票币点好要做到四条边水平、不露头、卷角拉平，才能扎把；六是扎把捆紧，扎小把应以第一张票币抽不出为准，再按"井"字形捆扎的大捆，以用力推不变型，抽不出票把为准；七是盖章清晰，票币整点后要在腰条上盖名章，图章要清晰可辨；八是动作连贯，点钞过程的各个环节必须密切配合，环环相扣，清点中双手动作要协调，速度要均匀。

（4）常用点钞方法

点钞方法多种多样，常见的手工点钞方法有手持式单指单张点钞法（见图 5－1）、手持式单指多张点钞法（见图 5－2）、手持式四指拨动点钞法、手持式五指拨动点钞法、手按式单张点钞法、手按式双张点钞法等。以下介绍前两种方法：

一是手持式单指单张点钞法，是指用一个手指一次点一张的方法。操作步骤是：左手横执票币，下面朝向身体，左手拇指在票币正面左端约 1/4 处，食指与中指

图 5－1　单指点钞

在票币背面与拇指同时捏住票币；无名指与小指自然弯曲并伸向票前的左下方，与中指夹紧票币；食指伸直，拇指向上移动，按住票币侧面，将票币压成瓦形，左手将票币从桌面上擦过，拇指顺势将票币向上翻成微开的扇形，并斜对自己面前；右手三个指头沾水，用右手拇指指尖向下捻动票币右下角，右手食指在票币背后配合拇指捻动，用无名指将捻起的票币往怀里弹，边点边记数。使用这种点钞法，由于持票所占的票面小，能看到的票面大，很容易发现假票和残票。

图 5－2　手按式点钞

二是手按式单张点钞法。把钞票横放在桌上，对正

点钞员,用左手无名指、小指按住票币的左上角,用右手拇指托起右下角的部分票币,用右手食指捻动票币;每捻起 1 张,左手拇指即往上推动送到食指和中指之间夹住,并依次连续操作,边点边记数,点数至 100 张。这种点钞法特别适宜于整点辅币及残破票多的票币,其看到的票面较大,便于挑剔残破票,但在速度上比手持式单张点钞法慢,劳动强度也大些。

(5)机器点钞操作

机器点钞就是用点钞机(见图 5—3)代替手工操作的点钞方式,其也分为拆把、点数、扎把和盖章四个程序。机器点钞的要领是:右手投下欲点票,左手拿出捻毕钞;两眼查看票面跑,余光扫过记数表;顺序操作莫慌乱,环节动作要减少;原钞腰条必须换,快速扎把应做到。

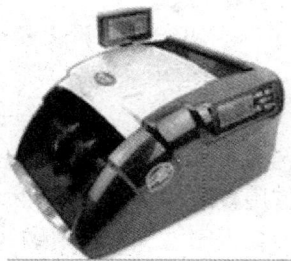

图 5—3　点钞机

8. 假币的识别

(1)人体感官识别

收银员识别人民币真伪的方法如下:

①看。其有四个方面的内容:一是看水印。第五套人民币各券别纸币的固定水印位于各券别纸币票面正面左侧的空白处,迎光透视,可以看到立体感很强的水印。100 元、50 元纸币的固定水印为毛泽东头像图案。二看安全线。第五套人民币纸币在各券别票面正面中间偏左,均有一条安全线。100 元、50 元纸币的安全线,迎光透视,分别可以看到缩微文字"RMB100"、"RMB50"的微小文字,仪器检测均有磁性。三看光变油墨。四看票面图案是否清晰,色彩是否鲜艳,对接图案是否可以对接上。

②摸。摸处有两个方面:一是摸人像、盲文点、中国人民银行行名等处是否有凹凸感;二是摸纸币是否薄厚适中,挺括度好。

③听。通过抖动钞币使其发出声响,根据声音来分辨人民币真伪。人民币的纸张,具有挺括、耐听、不易撕裂的特点。手持钞票用力抖动、手指轻弹或两手一张一弛轻轻对称拉动,能听到清脆响亮的声音。

④测。借助一些简单的工具和专用的仪器来分辨人民币真伪。如借助放大镜可以观察票面线条清晰度、胶、凹印缩微文字等;用紫外灯光照射票面,可以观察钞票纸张和油墨的荧光反应。

(2)假钞器识别

当收银员凭直觉不能判断时,要借助于假钞器识别。方法如下:

①磁性。真币的固定位置与验钞器的磁头摩擦,磁迹灯会闪亮,说明有磁性,也是真币的一个标志。

②水印。真币的水印清晰,而假币则模糊或者根本没有水印。

③报警。将假币放入验钞器荧光灯下,假币会放出青光,并提醒:"这张是假币!",而真币则不会。

一般来说,假币只需通过上述其中之一的方法即可判断,如果出现真假难辨的情况,应向顾客说明,劝他另换一张,如果顾客执意不肯,应呼叫主管,并由主管鉴定后作出处理。

9. 银行卡结算步骤

(1)信用卡收款步骤

信用卡收款有八个步骤:第一步把信用卡放在刷卡机的槽口刷卡;第二步请顾客输入密码;第三步输入金额,如果金额超过使用限度,要打电话给银行要求加大信用权限的特许代号,并将此号码记录在销售单上;第四步检查销售单上打印的内容是否完整、清楚,请顾客在销售单上的相应位置签名;第五步将销售单上的签名与信用卡的签名相比,确保其真实性、正确性;第六步选择付款键,完成交易;第七步将信用卡和销售单的第一联交给顾客,门店保留第二联,并将第二联放入收银箱;第八步关闭收银箱。

(2)储蓄卡收款步骤

储蓄卡由银行发行,不具备透支功能。其收款有七个步骤:第一步把储蓄卡放在刷卡机的槽口刷卡;第二步输入金额;第三步请顾客输入密码;第四步检查销售单上打印的内容是否完整、清楚、正确;第五步将储蓄卡和销售单给顾客签名;第六步将门店联放入收银箱;第七步关闭收银箱。

10. 银联 POS 刷卡机

银联 POS 刷卡机是安装在门店收银台内,为持卡人提供授权、消费、结算等服务的专用银行电子设备。该机由主机、键盘、打印机构成,具有结算、金融类交易等功能。操作程序是:签到、消费、消费撤销、余额查询、对账、交易打印、交易查询、管理操作等。

11. 大钞预收操作

大钞预收是指收银箱中的现金过多时,收银员要在交接班前提前将收取的大面额现金交到指定的保险箱内,保证资金安全。大钞预收操作流程:第一步领取现金钱袋,现金袋号码与收银机号码要一致;第二步打开收银机银箱,收取大钞现金,放入钱袋封好,关闭收银机银箱,必须有防损员在场监督;第三步经过点数后,必须将收取现金的数额、时间登录在该收银柜台专用的"中间收款记录簿"内,由收银员与收银主管分别签名确认;第四步将钱袋送到现金室,在"金库现金收支簿"内填写日期、时间、收银机号、金额以及累计数,并签名。

12. 购物卡

（1）优惠卡

优惠卡又称购物卡，是商场、超市等商业零售企业为促进销售，方便顾客购物而发行的企业内部卡。优惠卡作为一种扣款型的专用卡，面值固定，可以分次使用，一般不能续存金额，用完后由商家收回，其可直接在 POS 收银机上刷卡消费。

（2）会员卡

会员卡制是一种促销方式，会员卡本身不含有资金。持会员卡的消费可享受购物打折优惠，在前台结算时直接扣除。还有一种优惠是，只积分不打折。

13. 商品装袋

商品装袋应征求顾客的用袋意见，正确选择不同规格的购物袋，将商品分类装袋。

体验活动

一、活动背景

在结束本项目任务一的学习后，每个学习活动小组到一家连锁经营门店，运用学到知识进行认识收银员的体验活动。

二、活动要求

请根据连锁经营门店收银员的工作情况，填写下表：

连锁门店名称	岗位职责描述	收银设备描述	工作内容描述

任务二　掌握收银员的工作技能

　　收银员每日的具体工作主要有三个阶段,即营业前的准备工作、营业中的工作和下班前的各项工作,主要技能体现在收银操作、顾客咨询、商品整理、清洁卫生等方面。

学习指南

一、营业前的准备工作与技能

　　营业前的准备工作主要有以下七个方面的要求:

　　1. 遵守考勤制度

　　收银员应根据公司员工考勤制度的规定,每日进行考勤。不得请人打卡或代人打卡,请假应提前一天,报请批准后方能离岗。

　　2. 保持仪容仪表

　　收银员仪容仪表的要求有三个方面(见图 5—4):一是上岗时应穿着公司统一定制的制服,保持制服的整洁;二是头发要清洁整齐,面部保持清洁,不戴公司禁止的饰品;三是将工作牌佩戴在左胸,保持工作牌的整洁、无破损。

　　3. 认真参加晨会

　　收银员要准时参加门店晨会,了解当日工作目标和要求,掌握与本职有关的各种信息,确认当日特价商品、当日调价商品、促销活动,调整工作状态,提高士气。

　　4. 清洁区域环境

　　清扫整理收银台和收银作业区,保持 POS 收银机、收银台及作业区的环境清洁

　　5. 备好备用金

　　到指定地点现金室领取备用金,登记相关信息并签名。备用金须当面清点,零钞须充足。

　　6. 检查收银设备

图 5—4　规范仪表

主要有三个方面:一是打开 UPS 与收银机的开关,进入"收银启动窗口";点击"联网销售",进入"前台登录窗口",输入工号与口令,点击"确定",进入"POS 前台销售窗口",确认收银机是否处于正常工作状态;二是检查补充发票存根联及收银联的装置是否正确,号码是否相同,日期是否正确,机内的程式设计和各项统计数值是否正确或归零等;三是确认银行 POS 机终端、条码扫描仪、磁卡读写器、刷卡器、打印机是否正常,如有异样向收银主管或店长汇报。

7. 备齐相关物品

打开钱箱,按不同的币值分开放入箱内(见图5-5)。补充收银台前头柜的商品,将收银工作所需的空白收银纸、购物袋、暂停结账牌、收银专用章、记录本、抹布、剪刀等用品按指定位置摆放整齐。

图 5-5 钱箱

二、营业中的主要工作与技能

营业中的工作主要有以下两个方面:

1. 热情迎客

顾客来到收银台前,收银员应面带微笑(见图5-6),等待顾客将采购的商品放置收银台上,进行下一步操作。

2. 收银服务

为顾客收银服务的步骤如下:

(1)询问

录入前先询问顾客有无优惠卡,如顾客有,先刷优惠卡再录入商品;如顾客无,可告知顾客到服务台办理的方法及优惠卡的功能。

图 5-6 迎客

(2)扫描

将顾客采购的商品按扫描器指定箭头方向逐一扫描(见图5-7),听到"嘟"的响声后,再仔细核对每个商品与电脑显示的品名、规格、价格是否一致。同条码的3件以上商品用数量键输入电脑结账,同条码的3件以下的商品可一一扫描录入。如果发生读不出条码的商品,应手工输入条形码数字,如果屏幕显示"无该商品信息"字样或须取消一笔与部分交易,寻求收银主管尽快解决。如果发现顾客私自更换条码,立即报防损部处理。如需消磁的商品,使用取钉器等工具快速消磁。

图 5-7 扫描

店员操作实务

（3）收付

根据显示器所提示的收款总金额进行唱收唱付（见图5-8），"总共多少元，收您多少元，找您多少元；谢谢，这是您的找零和收据！"收到现金时，一定要识别一下是否为假币，如果发现疑点，建议顾客换一下。需要向顾客提供零钱时，语气要客气，如"您有1元零钱吗？谢谢！"。找零时，将大钞放下面，零钱放在上面，将现金与收据应双手递给顾客。如为银联卡、斯玛特卡、得仕卡等消费卡支付，先将卡插入银联POS机，再将卡磁条朝内，由上而下刷取，并请顾客在密码键盘上输入密码。交易成功，银联POS机自动打印签购单，由顾客签字，并将收据交给顾客。

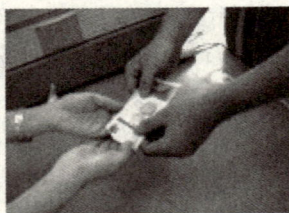

图5-8　收付

如果收银员在收款时发现商品价格误打，应立即真诚地向顾客致歉，解释原因，将发票作废，重新打一张正确的结算单给顾客，并要求顾客在作废结算单上签字，并登记入册。如果收银员在收款时因顾客携带的现金不够，不足以支付所选的商品时，建议顾客办理不足支付部分的商品退货。如果顾客临时决定退货，应将顾客欲退回的商品的结算单收回，重新为顾客打出一份减项的结算单。如果顾客愿意回去拿钱来补足时，必须保留与差额等值的商品，或先将顾客选的商品暂存在收银台内，等顾客取钱回来后一并结算，或先结算顾客可支付的商品，余下的部分可等顾客取钱回来后再结算。

图5-9　交付

（4）装袋

根据顾客采购的商品类型及数量选择合适的购物袋，然后将扫描后的商品分类装入购物袋中，做到冷热食品要分开、食品用品要分开、重物大物在下、轻物易碎物在上。如果是便利店的盒饭、饮料等，不要忘了筷子、吸管和纸巾等（见图5-9）。

（5）送客

当顾客提取购买的商品离开收银台时，收银员应面带微笑对顾客说："谢谢，欢迎再次光临！请走好，再见！"服务要体现出一种理念，贯穿于整个服务过程，始终体现出"顾客至上"的服务宗旨，保证顾客满意而去，愿意再度光临（见图5-10）。

（6）整理

当无顾客结账时，收银员应整理及补充收银台前头

图5-10　谢送

柜的商品,处理顾客废弃小票,保持收银台及周围环境的清洁。

三、下班前的主要工作与技能

下班前的各项工作主要有以下 4 个方面:

1. 整理

整理作废的各种优惠券或抵用券、购物篮,清洁收银作业区的环境。

2. 结账

对银行 POS 机进行结账,将营业款和卡等放入钱袋,退出自己的密码,分类装订所有单据。收银款项中出现假钞,当班收银员进行赔偿。收银员上缴现金超过或少于 POS 系统显示的标准数据,误差在 5 元以内视为正常差异,如出现长短款,应及时查明原因,超额数必须如数上交并记录在册,短款金额由责任人如数赔偿,并写出事故报告书,解释原因。

3. 交款

收银员拿好备用金和营业款到指定地点填写现金缴款,金额超过 3 万元须请防损员护送,然后到指定地点现金室交主管签收。按公司的规定留用备用金,须放入保险柜内,在登记本上签名,并将货款汇入银行指定账号。

4. 退场

晚班收银员按规定关机,锁好收银专章及办公用品,交出钥匙,罩好机罩。

体验活动

一、活动背景

在结束本项目任务二的学习后,每个学习活动小组运用学到知识,模拟收银员与顾客,进行认识收银员工作的体验活动。

二、活动要求

每个学习活动小组分别扮演收银员、顾客、收银主管三个角色,进行三笔收银业务操作,并由顾客与收银主管进行评判。

收银作业描述	操作技能要求	仪容仪表要求	顾客沟通要求

职业技能训练

一、单项选择题

1. 收银员必须是具有( )以上毕业的学生或人员。

    A. 小学、中职   B. 高中、中职   C. 中职   D. 本科

2. 收银员必须按照公司规定的收银员工作纪律执行,在收银机的开启、( )、修正、收银机关闭等方面必须进行规范操作,禁止随意性。

    A. 找零   B. 暂停   C. 结算   D. 运作

3. 以收银台为中心的收银作业区,一般设在卖场的( )处。

    A. 入口   B. 中心   C. 转角   D. 出口

4. 清点钞票是一项( )很强的工作,要求迅速、准确并能鉴别真假。

    A. 技术性   B. 熟练性   C. 责任性   D. 不定性

5. 会员卡制是一种( ),会员卡本身不含有资金。持会员卡的消费可享受购物打折优惠,在前台结算时直接扣除。

    A. 优惠方式   B. 促销方式   C. 便民方式   D. 刺激方式

6. 收银员拿好备用金和营业款到指定地点填写现金缴款,金额超过( )须请防损员护送,然后到指定地点交主管签收。

    A. 1万元   B. 2万元   C. 3万元   D. 5万元

7. 收银员要提高( )的能力,重视收银台的安全,防止钱款失窃,并要随时观察周围人员情况,发生可疑行迹及时报告主管、店长等有关人员。

    A. 识别假币   B. 服务   C. 自身安全保护   D. 收银速度

8. 收银员的主要技能不包括( )等方面。

    A. 收银操作   B. 商品整理   C. 清洁卫生   D. 货物防损

9. POS系统是以( )为中心,为商品交易和内部调配商品提供服务和实时管理的信息管理系统。

    A. 消费环境   B. 商业环境   C. 买卖环境   D. 商品环境

10. 将工作牌佩戴在( ),保持工作牌的整洁、无破损。

A. 右胸   B. 中间   C. 左胸   D. 任意位置

二、多项选择题

1. 收银员的任职资格包括(　　)
    A. 学历要求   B. 健康要求   C. 素质要求   D. 岗前培训

2. 营业前的准备工作要求主要有(　　)
    A. 清扫整理收银台和收银作业区,保持 POS 收银机、收银台及作业区的环境清洁
    B. 准备好一定数量的备用金,按币值分类放入钱箱内
    C. 整理服饰仪容,保持仪容仪表清爽整洁
    D. 熟记当日特价与调价商品以及这些商品与促销商品所处的具体位置

3. 商品条形码的优点是(　　)。
    A. 准确度高   B. 输入速度快   C. 制作容易   D. 设备经济实用

4. 收银员要准时参加门店晨会,了解当日工作目标和要求,掌握与本职有关的各种信息,确认(　　)等。
    A. 当日特价商品   B. 当日调价商品   C. 促销活动   D. 出勤情况

5. 收银硬件设备主要包括(　　)等。
    A. 电子收银机   B. 收银机外部设备   C. 银联 POS 机   D. 验钞机

6. 解除防盗硬标签的磁性时,需要使用特定的(　　)等。
    A. 硬标签拔出器   B. 密码   C. 取钉器   D. 开锁器

7. 点钞方法多种多样,常见的手工点钞方法有(　　)等。
    A. 手持式单指单张点钞法   B. 手持式单指多张点钞法
    C. 手按式单张点钞法   D. 手按式双张点钞法

8. 下班前的各项工作主要有(　　)
    A. 整理   B. 结账   C. 交款   D. 退场

9. 收银员的岗位特点包括(　　)
    A. 正确性   B. 便捷性   C. 安全性   D. 随意性

10. 商品条形码简称商品条码,是指将表示一定信息的字符转换成用一组黑白或彩色相间的平行线,按一定的规律排成组合而形成的特殊图形符号。其优点是(　　)。
    A. 准确度高   B. 输入速度快   C. 制作容易   D. 设备经济实用

三、判断题

1. 结算营业总额,填写各类报表,现金清点无误后放入门店保险箱内,可用门店的包装袋作为钱袋。   (　　)

2. 收银员在收银作业时身上不可带现金,避免不必要的误解。   (　　)

3. 如何识别人民币真伪,通常采用"一看、二摸、三听、四测"的方法。   (　　)

4. 优惠卡作为一种扣款型的专用卡,面值固定,可以分次使用,一般可以续存金额。   (　　)

店员操作实务

5. 根据顾客采购的商品类型及数量选择合适的购物袋,然后将扫描后的商品分类装入购物袋中,做到冷热食品分开、食品用品分开、重物大物在下、轻物易碎物在上。　　　　（　　）

6. 商品店内码这种零售商编制的代码,不局限于门店内自动化管理系统。　　　　（　　）

7. 人民币的纸张,具有挺括、耐听、不易撕裂的特点。　　　　（　　）

8. 收银员应根据公司员工考勤制度的规定,每日进行考勤。可以请人打卡或代人打卡,请假应提前一天,报请批准后方能离岗。

9. 收银作业中如发生顾客要求退换货时,可自行处理。　　　　（　　）

10. 储蓄卡由银行发行,不具备透支功能。　　　　（　　）

项目六　门店防损——防损员的岗位职责与操作

- 了解防损员岗位的基本职责
- 熟悉防损员的工作内容与工作要求
- 明确防损员工作的主要作用
- 掌握防损员工作的相关知识与技能
- 具备防损员工作岗位的基本能力

项目导入

防损员是负责卖场内的设备与商品安全,协助店长或防损主管对防损工作进行监督管理的工作人员,是门店主要工作岗位之一。一个合格的防损员必须了解防损员的岗位职责和工作纪律,熟悉防损工作岗位的特点,掌握防损工作的内容和要求,具备一定的应变工作能力。

作为一个学习者,必须对门店防损员的工作职责、工作纪律、工作内容、工作要求有所了解,为将来所从事的店长管理工作打好扎实的基础,张璐同学带着这些想法进入了本项目的学习。

任务一　了解防损员的岗位要求与职责

防损员的工作是通过制度的执行、流程的规范来降低安全风险,以避免发生或即将发生的损耗,达到降低经营成本的目的,维护企业的经济利益。

一、防损员的任职资格

防损员必须具备下列资格：

1. 学历要求

防损员必须是具有高中、中职以上学历的人员。

2. 素质要求

防损员必须具有一定的责任心，道德品质良好，有较好的团队合作能力，身体健康。

3. 岗前培训

防损员在上岗前必须接受本公司的防损员岗前培训，达到相应的技能要求。

二、防损员的隶属关系

1. 所属部门

防损员所隶属的部门是防损部。

2. 直属上级

防损员的直属领导是店长或防损主管。

三、防损员的岗位职责

防损员工作主要对卖场内的设备与商品的安全负责，协助店长或防损主管对防损安全工作进行监督管理，避免或减少企业的经济损失。防损员岗位职责的具体内容如下：

1. 基本要求

基本要求有以下五个方面：

（1）职业道德

职业道德的基本要求是：坚持原则，忠于职守；清正廉洁，奉公守法；令行禁止、服从安排；自觉维护企业的经济利益。

（2）法律法规

遵守国家法律法规与公司规章制度的相关规定。

（3）安全保卫

安全保卫的基本要求是：负责卖场内安全保卫工作；按规定制止未经许可的人员、车辆进入责任区；监督进出店人员和商品；对违法犯罪行为进行制止、报警。

（4）卖场秩序

维持卖场秩序的要求是：负责门店各种车辆的有序停放；出现购物高峰或异常情况时，对顾客进行有效疏导。

（5）环境卫生

负责门店的环境卫生工作，清扫责任区域的场地与通道，保持环境的整洁。

2. 员工通道岗位职责

员工通道岗主要设置于员工上下班与卖场进入办公区必经的道口。该岗位的主要职责如下：

（1）认真监督员工的考勤，要求在工作时间进出的工作人员进行自觉登记；

（2）严格检查进出人员的工作证，凡不属于本公司的员工一律不得由员工通道进出；

（3）严禁携带与工作无关的物品由员工通道进出；

（4）发现可疑人员或物品应主动询问，仔细检查。

3. 卖场入口岗位职责

卖场入口岗位的主要职责如下：

（1）保持优雅的站姿，微笑迎客，礼貌问候，热情解答顾客询问；

（2）严格遵守公司规定，除了化妆包、小手提袋等随身小包以外，禁止携带物品人员进入卖场；

（3）禁止衣冠不整者进入卖场，1.2 米以下儿童进入卖场必须由家长带领；

（4）禁止顾客和员工从卖场进口出去，特殊情况除外；

（5）发生意外情况时，须立即向店长或有关主管汇报，以便及时处理。

4. 卖场出口岗位职责

卖场出口岗设置在收银台外，接近出口处。该岗位的主要职责如下：

（1）检查报警器的状况，防止误报；

（2）检查顾客收银条，防止遗漏买单的现象；

（3）处理顾客经过报警门时引起的报警问题；

（4）协助便衣防损员截获偷窃者；

（5）为有需要的顾客提供帮助。

5. 收银监察岗位职责

收银监察岗位主要职责如下：

（1）贯彻执行各项收银监督检查制度，对违反收银监督管理规定的行为进行制止，并提出处理意见；

（2）对收银员的操作采取现场巡视方式进行监督，有权进行现场盘点检查，核实收银员更正、取消、退货等情况；

店员操作实务

（3）对收银员工作中出现的问题及时向防损主管或店长汇报，并通知收银组长。

6. 游动巡逻岗位职责

游动巡逻岗位的主要职责如下：

（1）做好卖场、档口区、周转仓的安全防盗工作，发现、制止、抓获在场内进行偷盗行为的过失人员；

（2）协助处理场内纠纷、骚乱；

（3）加强重点商品的监控和交接，加大对盗窃团伙的打击力度；

（4）检查门店设备的安全状况；

（5）负责营业结束后的清场及安全检查工作。

7. 办公区岗位职责

办公区岗位主要职责如下：

（1）保持良好的仪容仪表，热情接待来访的客户，做好来访登记工作；

（2）禁止无关人员或衣冠不整者进入办公区域；

（3）禁止无端闹事者进入办公区域，保持高度的警惕性；

（4）发生危急情况，应及时采取防范措施。

8. 工作纪律

工作纪律的要求主要有以下两个方面：

（1）考勤制度

考勤制度的内容是：上班准时打卡，不迟到、不早退，有事提前三天请假，突发事件情况需电话通知，事后出具相关证明。

（2）工作要求

工作要求的内容是：穿着指定的工作制服，正确戴帽、佩证，保持良好的仪容仪表；保持旺盛的工作状态，禁止做与工作无关之事；文明服务，合理合法处理突发事件；不得嬉笑聊天，不得擅自离岗；禁止向供应商、促销员索要任何物品，严禁监守自盗或里应外合损害公司利益；按规定使用对讲机和电警棍，不准在岗位上摆弄器械；严格执行交接班制度，做好当班记录。

四、防损器械使用管理规定

1. 对讲机的使用管理规定

（1）对讲机通讯频道一经设定，任何人不得更换频道；

（2）对讲机仅在执勤时使用，严禁将对讲机擅自带出执勤区域或转借他人；

（3）遵守上级主管优先通话、紧急事项优先通话的对讲机使用原则；

（4）接受通信信息要及时，回复信息须快捷，不得关闭对讲机；

（5）对讲机通话语言简洁明了，不得超过 30 秒，禁止讲与工作无关的事情；

（6）爱护使用对讲机，严禁敲打、拆装、雨淋日晒；

（7）交接工作时要检查对讲机状况，并做好记录，如有损坏，照价赔偿；

（8）防损主管定期检查对讲机的状况，不能使用的，应及时送修。

2. 电警棍防卫器的使用管理规定

（1）电警棍防卫器只限防损人员在卖场执行巡逻任务和在执行特殊任务时佩戴；

（2）在配带电警棍防卫器时，应熟悉器械性能、功能，以免造成损坏；

（3）爱护使用电警棍防卫器，严禁敲打、拆装、玩弄；

（4）电警棍防卫器由店长或防损主管进行专管，做好使用人员的记录；

（5）当遇到下列情况之一时方能使用电警棍防卫器：

a. 遇到打、砸、抢、聚众骚乱和结伙斗殴事件制止无效时；

b. 夜间执勤、巡逻发现现行犯罪和遭到犯罪分子袭击时；

c. 协助公安机关依法执行看管、逮捕、拘留、遇到抗拒时；

防损人员在使用电警棍防卫器制止犯罪行为时，应当以制服对方为限度，当对方的犯罪行为得到制止时应立即停止使用。

五、防损员的岗位特征

1. 原则性

防损员工作主要对卖场内的设备与商品安全负责，必须根据公司制定的各项规章管理制度进行执行，坚持原则，忠于职守，清正廉洁，奉公守法，自觉维护企业的经济利益。

2. 突发性

卖场集聚着大量的商品、设备，在收银操作时，还有巨额现金，是犯罪分子袭击的目标。有权威报道，全国零售业一年的商业损耗约 500 亿元人民币，在各类损耗中，80％是由作业错误、员工偷窃和意外损失导致的，10％是顾客偷窃，5％则属于厂商偷窃，其他约 5％，其中，内盗是企业损耗的黑洞。同时，卖场又是顾客集中购物的地方，难免出现酒后闹事等故意或无意的现象。防损员会随时面临着各种突发事件的发生，需要合理合法、有礼有节地进行处理。

店员操作实务

案例分析

2003年7月19日,小李到某超市购物,3名防损员以其有偷窃的嫌疑为由,将其拖到办公室。3名防损员分别用电警棍、皮带、凳子等物对其进行殴打,直至其倒地。随后小李被送往医院医治,经抢救无效死亡。经法医鉴定,被害人被打击致重型颅脑损伤而死亡。检察机关认为,3名被告人目无国法,无故殴打他人,致人死亡,其行为触犯了我国刑法第234条之规定,均已构成故意伤害罪。

此案反映出,防损员面对顾客偷窃现象时,如何甄别、如何进行合理合法的处理,在这方面的意识和能力必须加强。

3. 安全性

卖场集聚着众多的、不同年龄的顾客,卖场的货架、货柜、电梯、照明设备等设施,由于设计、布局、陈列等不合理的因素,往往会给顾客带来意外的安全隐患。因此,卖场的安全性对防损员工作岗位来说尤为重要,时刻不可松懈,不仅要在设备、设施、环境等硬件方面去细致地落实安全工作,还应在具有安全隐患的区域标注警示语,从每个细小的环节做起,防患于未然。

案例分析

2002年9月28日,某卖场电动扶梯上突然传来尖叫声,接着"嘭"的一声,一名小孩掉倒在电梯旁一动不动,身上向外冒着血。小孩的母亲听到声音,快速从扶梯上冲了下来。卖场防损员见状,抱起小孩与该母亲一起迅速赶到医院,小孩经抢救无效死亡。据调查,小孩是从扶梯和地板的空隙中掉到一楼的。

此案反映出,商场的安全工作对防损员来说,时刻不能松懈,不仅要做到设备、设施、运行的安全,还应对具有安全隐患处张贴警示语,做到防患于未然,保证顾客的人身安全。

六、防损员的岗位知识

1. 防损的含义

防损是指防范损失,包括防止耗材浪费、防止偷窃、防止设备及工具的非正常损失、防止设备违章操作、防止员工及顾客意外受伤、防止商品的不合理码放等。

2. 损失产生的缘由

(1)员工偷窃

员工偷窃是指员工利用工作的便利,通过不同的手段占有公司的现金或商品,在企业损失中约占70%。其行为主要有三种现象:一是占有现金。不按收银键记录该笔销售商品的金额,然后利用收银工作伺机从收银机中取走现金;向消费者宣称特价品或折价品的销售已结束,以原价销售,并伺机从收银机中取走差额现金。二是窃取商品。利用衣物夹带商品,运出店外;在低价商品的包装盒内放入高价商品进行购买;将商品放入空箱或垃圾箱内,在处理空箱和垃圾箱时,取出商品;复制商店的钥匙,伺机回店窃取;员工在下班后购物,将其他商品放入购物袋中;员工、收银员的亲属朋友与收银人员相互勾结,漏登商品,或高价低卖,进行人工扫描;员工相互串通,在补货时,留下若干商品不上架,由下班人员带走;员工先将商品带到休息室,然后将商品放入包装袋中带出。三是占有商品。故意将商品破损,如将包装破坏、折损、折角等,使得商品无法销售,然后再私自取用;员工将自己所要购买的商品,先用低价标签贴上,再结账;利用空纸箱或垃圾箱将商品夹带出去,再伺机取出;偷偷食用店内的各种糖果、饮料与食品。

（2）顾客偷窃

顾客偷窃是指通过不同手段占有商品,不支付货款,在企业损失中约占10%。其行为主要有两种现象:一是窃取商品。顾客带包入内购物,将商品私自装入包中,不予结账;顾客携带该店内包装袋入内购物,将商品私自装入袋中,不予结账;顾客将商品放入自己衣服口袋中,或用大衣遮掩直接带走;数人一起入内购物,由其他人掩护偷窃商品。二是占有商品。顾客在场内直接食用各种糖果、饮料和食品,不予结账;顾客将高价商品的价格标签调换,贴上低价标签。

（3）管理损耗

管理损耗是指门店在运营过程中,在进货、库存、设备、陈列商品、销售商品等管理过程中产生的各种损耗,在企业损失中约占10%。例如:因验收疏忽,进货中产生的商品质量问题,不能销售;因库存管理不当,发生商品质量变质或损坏;因停电导致冷藏(冻)柜的发动机停止工作,冷藏(冻)柜内的温度变化致使商品变质;陈列场所不良,因日晒所引起商品变色或变质等;因电脑数据或计量出错,导致销售商品的损失。

（4）机会损耗

机会损耗是指门店在营业过程中,因商品缺货、服务态度不好、营销技巧拙劣等因素,影响销售所产生的机会损失。例如:店内出现商品缺货,流失客源;由于服务态度恶劣,顾客投向其他门店购物;商品陈列方式不合理,顾客找不到想买的商品而放弃购买。

3. 连锁门店防盗设备

门店常用的防盗设备如下:

（1）电子商品防盗系统

电子商品防盗系统（Electronic Article Surveillance，EAS）是用于零售商业开架售货方式，当未经柜台授权的商品离开指定区域时，会发出告警信号的安全防范技术系统。电子商品防盗系统于1995年在成都诞生，其主要由检测器（见图6—1）、解码器（见图6—2）和电子标签（见图6—3）三部分组成。电子标签分为软标签和硬标签。软标签成本较低，不可重复使用，直接粘附在较"硬"的商品上。硬标签一次性成本较高，但可重复使用。硬标签须配备专门的取钉器，多用于服装类柔软的、易穿透的物品。解码器多为非接触式设备，有一定的解码高度，当收银员收银或装袋时，电子标签无须接触消磁区域即可解码。也有将解码器和激光条码扫描仪合成到一起的设备，做到商品收款和解码一次性完成，方便收银员的工作。检测器一般安装在商场出入口或收银通道处，在收到某顾客为购买某商品应付的正确款项后，收银员就可通过对粘贴在商品上的标签进行中性化，而授权该商品可合法地离开某指定区域。而未经解码的商品带离商场，在经过检测器时，会触发报警，从而提醒卖场防损员及时处理。电子商品防盗系统对减少偷窃现象、防止企业的经济损失具有较好的积极作用。

图6—1　检测器

图6—2　解码器

（2）电视监控技术系统

电视监控技术系统是以电视传像技术为基础，通过遥控摄像机及其辅助设备，分别从各个角度监控录制大门、道路、卖场、仓库、电梯、办公室等处，获取被监控场所大量丰富的动态图像和声音信息，并将其传动到监控中心显示和记录（见图6—4），是一种防范能力极强的

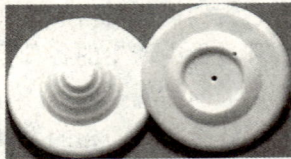

图6—3　电子标签

安全防范技术系统。电视监控技术系统的功能有：实现远程监控、多监控中心、分级监控和分布式监控；提供全屏或多种画面实时显示；实现移动检测报警；动态录像、定时录像和手动录像等多种录像管理；支持现场图像抓拍功能；提供密码保护，保证图像信息的安全；采用先进的音频压缩技术，支持双向语音；用户的分组和权限管理，有多个控制权限等级等。在大型商场、超市内安装电视监控系统，不仅可以提早发现犯罪分子，并通过录像获取作案证据。电视监控技术系统对那些有不良企图的人将起到一定的威慑作用，尤其在收银台上方安装一部摄像机，不仅可观

项目六　门店防损——防损员的岗位职责与操作

察顾客付款情况,还可监督收款人员的工作情况,对杜绝财务方面的漏洞具有积极的作用。

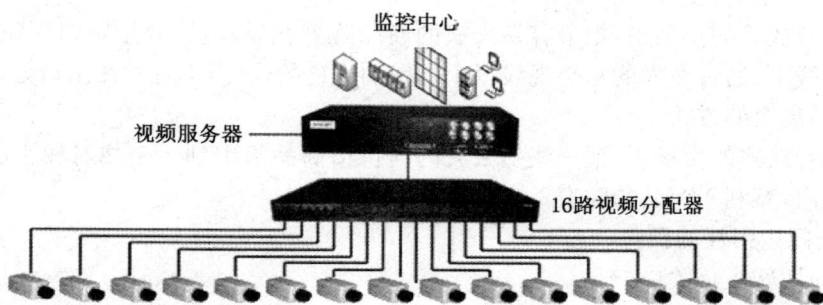

图6—4 电视监控技术系统

（3）入侵探测与报警技术系统

入侵探测与报警技术系统是由入侵探测器、传输系统、报警控制器、通信系统及保安警卫量所组成。在该系统中,入侵探测器就是各防范现场的前端探头,将探测到的非法入侵信息通过传输系统传送给报警控制器。报警控制器经过识别、判断后发出声响报警和灯光报警,并通过通信系统输出至上一级接警中心或有关部门。入侵探测与报警技术系统主要用于商场在非营业时间的防盗,在防范区内用不同种类入侵探测器构成看不见的警戒点、警戒线和警戒面,将其交织成一个多层次、多方位的安全防范报警网。

（4）防盗镜

对于小型的超市或便利店来说,安装电子防盗系统的必要性不大,可采取国外广泛使用的防盗镜保护。防盗镜一般安装在超市的各个角落,能让售货员方便地监视整个超市内的情况,再配合安全的商品陈列方式、售货员的巡视,一般可以满足其对防盗的需要。

4. 防盗性卖场的布局

门店防损工作中,一个重要的环节就是要做好防损布局。具体内容如下:

（1）楼面布局在满足顾客动线的同时,尽量减少楼面的死角;

（2）顾客功能性服务区设计在卖场以外,如厕所、外租区、员工更衣室等;

（3）顾客进出口应该紧挨着,无论顾客是否购买了商品,通道的设置都要使顾客必须通过一个结账处和服务处;

（4）在紧急出口处,标注"不许开启"标记,杜绝偷盗者从无人照看区域出口。

5. 防盗式的商品陈列

店员操作实务

商品陈列的根本目的是吸引顾客的眼球,引起顾客的兴趣和购买欲望,同时也要兼顾门店的安全防损要求。防盗性商品陈列的方法如下:

(1)员工的视线

在开放式的卖场中,把最容易失窃的商品陈列在导购员、收银员、理货员等员工的视线下(通常在人的水平视线以上),增加偷窃的难度,不宜放在出口处。

(2)集中的方式

在开放式的卖场中,把一些易丢失的高价格商品集中到一个相对较小的区域或专柜内,有利于商品的防窃。

6. 门店损耗的预防

(1)把好进货关口

具体要求是:一是在采购商品时,一定要和代理商或者生产厂家谈妥商品的退换事宜;二是确保所进商品的质量,确定商品是否过期、是否受到挤压、是否为正规厂家生产等;三是核对送货单据,如果发现送货单据上的数据与实际不符,应立即告之送货人员,并做相应的记录,由双方签字确认。

(2)加强日常管理

具体要求是:①对易过期、变质的商品,如牛奶、面包等,要将他们放置在店内明显位置,或者放在专柜内,以便促进货物周转,避免因滞销而过期变质,产生经济损失;②把一些易碎商品,如酒、罐头、碗碟、保温瓶等,靠墙摆放或者放在稍高一点的地方,也可设置专柜摆放;③定期对商品进行检查,以防个别顾客将高价商品放入低价商品的包装盒内购买;④定期检查商品上的标价签和自贴条码是否被更换;⑤仓库要通风换气,仓库面的商品存放要有秩序,符合商品的特性和出库的规律;⑥注意商品的陈列,避免商品堆放过高,以免倒塌。

7. 商场的消防安全

(1)消防器材

为加强商场发生火灾的消防自救能力,必须配备必要的消防器材。主要包括手提式 CO_2 气体灭火器、消防扳手、消防斧、消防头盔、消防面具、口罩、救生绳、备用水带、水枪、消防桶等。

(2)报警设备

商场的主要报警设备有三种:一是探测器,其将火灾信号自动传到消防控制中心;二是消防电话,其可直接接通消防控制中心;三是手动报警器,启动手动报警器后,其可使楼层警铃、火灾报警器的信号传到消防控制中心。

(3)报警方法

无论任何时候发生火情、燃烧异味、异响及不正常热感应,防损员有责任检查是否属险情,如火警应立即报警。选择报警设备的顺序是:首先使用消防电话。因为消防电话不用拨号码，拿起电话就直通消防控制中心，保证能及时报警。其次是使用普通电话。如果附近没有消防电话时，可用普通电话拨通报警电话，讲清报警内容。最后使用手动报警器。如果发现火情比较严重不能控制时，即可启动手动报警器，因为手动报警器和警铃联动。

（4）报警内容

电话报警时，必须告知的内容是：报警人的姓名和身份；火灾发生的具体地点；燃烧物质；火势大小；问清接报人的姓名。

（5）灭火方法

灭火方法主要有四种：一是冷却灭火法，通过降低燃烧物的温度达到灭火的目的；二是隔离灭火法，通过隔离与火源相近的可燃物质使火熄灭；三是窒息灭火法，通过降低空气中氧气的含量使火熄灭；四是抑制灭火法，消除燃烧过程中的游离基。

（6）人员疏散

发生火灾后疏散人员的顺序是：首先为着火层人员；其次为着火层上层人员；再次为火灾层下一层人员。

（7）疏散注意事项

进行疏散时，要注意四个方面的事项：一是走防烟楼梯，不能乘电梯疏散；二是用湿毛巾、湿衣物等捂住口嘴，避免被烟气呛住导致窒息，并沿着楼梯向下逃离；三是直立行走呼吸困难时，要弯腰或爬行前进，因烟气都悬浮在上部，下面多少有一些新鲜空气；四是紧急疏散时，由首层向室外跑，不要走到地下室。

体验活动

一、活动背景

在结束本项目任务一的学习后，每个学习活动小组到一家连锁经营门店，运用学到知识进行认识防损员的体验活动。

二、活动要求

请根据连锁经营门店防损员的工作的情况，填写下表：

店员操作实务

连锁门店名称	防损岗位职责描述	防损设备描述	防损工作描述

任务二 掌握防损员的工作技能

　　防损员每日的具体工作主要有三个阶段,即开店前的工作、开店中的工作和离店前的工作。主要工作技能体现在防盗、防损、防灾、安全保卫和顾客咨询等方面。

学习指南

一、开店前的工作要求

　　开店前工作主要有以下四个方面的要求:

　　1. 遵守考勤制度

　　防损员应根据公司员工考勤制度的规定,每日进行考勤。不得请人打卡或代人打卡,请假应提前三天,突发事件需要电话通知,事后出具证明。

　　2. 保持仪容仪表

　　防损员仪容仪表的要求有两个方面(见图6—5):一是上岗时应穿着公司统一定制的制服,戴大檐帽,按季节着装,保持制服的整洁;二是头发要清洁整齐,面部保持清洁,不留长指甲和小胡子;三是挂臂章,佩证上岗。

　　3. 认真参加晨会

　　防损员着装后,准时参加门店的晨会,汇报工作,提出建议或存在的问题,听取店长或防损主管的工作指示和工作安排,做好会议记录,领会会议的有关精神。

4. 到达岗位

(1)员工通道值岗

防损员按规定打开员工通道,检查员工是否携带与工作无关的物品,禁止非工作人员走进员工通道,发现问题及时指正,如有特殊现象,需及时向店长或防损主管请示汇报。

(2)卖场入口值岗

防损员应保持优雅的站姿,微笑迎客,维持顾客进入卖场的秩序,热情解答顾客询问,禁止携带物品人员与衣冠不整者进入卖场,禁止顾客和员工从卖场进口出去,发生意外情况时,立即向店长或防损主管汇报。

(3)卖场出口值岗

防损员应正确引导顾客从入口处进入卖场,热情解答顾客询问,遇到无理取闹的顾客,要以理服人,注意方式,避免事态激化。

(4)收银监察值岗

防损员监督收银员在收银前的各项准备工作,制止收银员携带现金、卡类物品上机,抽查收银员备用金等各种情况。

图 6—5 规范仪表

(5)游动巡逻值岗

防损员在营业前做好卖场消防和防盗安全检查工作,发现问题及时向有关主管汇报,并迅速处理。

(6)办公区值岗

防损员应督促员工必须按照公司的有关规定进行打卡,如有违反者,报主管或人事部门相关人员。

二、开店中的工作要求

(1)员工通道的值岗工作

防损员对工程人员及其他特殊人员携带物品或工具离开员工通道时,必须认真清点,进行登记,并报店长或防损主管批准。

(2)卖场入口的值岗工作

防损员要维持好顾客进入卖场的次序,热情解答顾客询问,禁止携带物品人员与衣冠不整者进入卖场,禁止顾客向外递送物品,禁止任何人从入口外出,发生意外情况时,立即向店长或防损主管汇报。

(3)卖场出口的值岗工作

防损员对结账后的顾客商品进行稽查,查看收银条的内容与顾客所带物品是否一致,核对无误后加盖"谢谢光临"章;发现商品包装被拆时,要检查内部有否夹带商品;发现有偷窃行为的顾客,将其领到指定地点协助处理,离岗前必须找同事顶岗;处理借故闹事的顾客,要耐心解释,让顾客满意;防盗器发生报警时,仔细了解情况,解除误会;接受顾客咨询、投诉,将投诉内容上报店长或防损主管;核查、截停偷窃商品的顾客、员工,并按有关程序进行处理。

(4)收银监察值岗

防损员经常在收银台周围进行巡视,监督收银员在工作中是否规范操作和对收银退货的处理,制止收银员私自留下电脑流水小票,随时对收银机进行现场盘点,发现收银员漏输、流失商品、错输等情况及时提醒收银员更正,当出现价格有误时,在查明情况后通知收银主管到场,监督收银员做差价结算。

(5)游动巡逻值岗

防损员做好卖场消防和防盗安全检查工作,制止顾客或员工损坏卖场陈列商品,处理各种偷盗人员,并及时向有关主管汇报。

(6)办公区的值岗工作

防损员对来访人员进行接待、办理登记手续,检查证件或证明,并将来客指引到目的地。维持办公区的秩序,保障员工的物品安全,监督办公人员执行制度的情况,发现问题及时报告店长或防损主管。

三、离店前的工作要求

(1)员工通道岗位结束工作

防损员按企业有关规定监督员工考勤,监督员工离开员工通道;填写交接记录,交代工作中有关事项或存在的问题,并集中参加夕会。夕会结束后,会同夜班人员锁上员工通道大门。

(2)卖场入口岗位结束工作

防损员在离开岗位前须整理购物篮和购物车;在营业结束前10分钟开始清场,卖场不准留人;做好交接工作,填写交接记录,交代工作中有关事项或存在的问题,并集中参加夕会。

(3)卖场出口岗位结束工作

防损员做好交接工作,填写交接记录,交代工作中有关事项或存在的问题,并集中参加夕会。

(4)收银监察岗位结束工作

监督收银员营业款的上缴情况,制止其将营业款带出做单区域,填写好当日工作记录簿,并集中参加夕会。

（5）办公区岗位结束工作

防损员应做好交接工作，填写交接记录，交代工作中有关事项或存在的问题，并集中参加夕会。

体验活动

一、活动背景

在结束本项目任务二的学习后，每个学习活动小组运用学到知识，模拟扮演防损员与顾客，进行认识防损员工作的体验活动。

二、活动要求

每个学习活动小组分别扮演防损员、顾客、防损主管三个角色，进行卖场出口岗位的模拟操作，并由顾客与防损主管进行评判。

稽核口岗位职责描述	稽核口岗位作业描述	稽核口岗位防损员工作评价

职业技能训练

一、单项选择题

1. 防损员必须是具有（   ）学历的人员。

    A. 初中以上   B. 中专   C. 高中、中职以上   D. 高中

2. （   ）是指门店在营业过程中，因商品缺货、服务态度不好、营销技巧拙劣等因素，影响销售所产生的机会损失。

A. 机会损耗　　　　B. 管理损耗　　　　C. 顾客偷窃　　　　D. 员工偷窃

3. 防损员工作主要对卖场内的（　　）负责，协助店长或防损主管对防损安全工作进行监督管理。

A. 设备与商品安全　　B. 顾客人身安全　　C. 顾客财产安全　　D. 工作人员安全

4. 电警棍防卫器由（　　）进行专管，做好使用人员的记录。

A. 店长　　　　B. 防损主管　　　　C. 防损员　　　　D. 店长或防损主管

5. （　　）是通过降低燃烧物的温度达到灭火的目的。

A. 抑制灭火法　　B. 冷却灭火法　　C. 隔离灭火法　　D. 窒息灭火法

6. （　　）主要设置于员工上下班与卖场进入办公区必经的道口。

A. 卖场出口岗　　B. 卖场入口岗　　C. 员工通道岗　　D. 游动巡逻岗

7. 禁止衣冠不整者进入卖场，（　　）儿童进入卖场必须由家长带领。

A. 1.2 米以上　　B. 1.5 米以下　　C. 1.2 米以下　　D. 1.3 米以下

8. 防损员对来访人员进行接待、办理登记手续、检查证件或证明，并将来客指引到目的地，该工作属于（　　）的值岗工作。

A. 卖场入口　　B. 游动巡逻　　C. 员工通道　　D. 办公区

二、多项选择题

1. 防损员的岗位特征有（　　）。

A. 原则性　　　　B. 安全性　　　　C. 突发性　　　　D. 流动性

2. 防损员必须（　　）。

A. 有一定的责任心　　　　　　B. 道德品质良好
C. 有较好的团队合作能力　　　D. 身体健康

3. 员工偷窃，其行为主要的现象有（　　）。

A. 验收疏忽　　B. 占有现金　　C. 窃取商品　　D. 占有商品

4. 防损员职业道德的基本要求是（　　）。

A. 坚持原则，忠于职守　　　　B. 清正廉洁，奉公守法
C. 令行禁止、服从安排　　　　D. 自觉维护企业的经济利益

5. 损失产生的缘由包括（　　）。

A. 员工偷窃　　B. 顾客偷窃　　C. 管理损耗　　D. 机会损耗

6. 当（　　），方能使用电警棍防卫器。

A. 遇到打、砸、抢、聚众骚乱和结伙斗殴事件制止无效时
B. 夜间执勤、巡逻发现现行犯罪和遭到袭击时
C. 协助公安机关依法执行看管、逮捕、拘留遇到抗拒时
D. 发现顾客偷窃贵重商品时

7. 发生火灾，疏散时应注意的事项有（　　）。

A. 走防烟楼梯
B. 用湿毛巾、湿衣物等捂住口嘴

C. 直立行走呼吸困难时,要弯腰或爬行前进

D. 紧急疏散时,由首层向室外跑

8. 电话报警时,必须告知的内容是( )。

A. 报警人的姓名和身份　　　　　　B. 火灾发生的具体地点

C. 燃烧物质,火势大小　　　　　　　D. 问清接报人的姓名

三、判断题

1. 防损员所隶属的部门是防损部,直属领导是店长或防损主管。　　　　　　( )

2. 收银监察值岗不属于防损员的岗位职责。　　　　　　　　　　　　　　　( )

3. 对讲机通讯频道一经设定,任何人不得更换频道。　　　　　　　　　　　( )

4. 发生火灾后疏散人员的顺序是:首先为着火层人员;其次为着火层上层人员;再次为火灾层下一层人员。　　　　　　　　　　　　　　　　　　　　　　　( )

5. 隔离灭火法是通过降低空气中氧气的含量使火熄灭。　　　　　　　　　　( )

6. 卖场入口岗位的防损员在离开岗位前须整理购物篮和购物车。　　　　　　( )

7. 在开放式的卖场中,把一些易丢失的高价格商品集中到一个相对较小的区域或专柜内,有利于商品的防窃。　　　　　　　　　　　　　　　　　　　　　( )

8. 对于商品的陈列,避免商品堆放过高,以免倒塌。　　　　　　　　　　　( )

项目七　提升要则——店员自我塑造

学习目标

- 了解店员工作岗位的主要作用
- 熟悉店员仪容仪表的基本内容和要求
- 明确店员自身发展的目标
- 掌握店员工作岗位知识与技能
- 具备一个优秀店员的基本素质

项目导入

店员是门店经营工作中的基础工作岗位，一位优秀的店员必须了解自己的工作角色，熟悉不同岗位的工作内容和要求，不断提升自己的专业知识技能，养成良好的职业品质，为自己的职业生涯发展打下扎实的基础。

作为一个学习者，对优秀店员的角色、优秀店员所具备的品质的作内容、要求等进行了解，为将来所从事的店长管理工作打好扎实的基础，张璐同学带着这些想法进入了本项目的学习。

任务一　了解优秀店员的角色

店员在门店运营过程中承担着导购、收银、理货、防损、卫生等具体工作，有的为顾客提供直接服务，有的为顾客进行间接服务。作为门店的主要工作者，其在不同岗位上的服务都影响着门店的形象，关系到门店经营目标的实现。

一、门店经营的形象代表

门店运营的服务对象是顾客,店员的仪容仪表、沟通语言、亲和力,反映着企业员工的人文素质,透视着企业的文化,代表着门店的形象。因此,要成为一个优秀的店员,必须提高这方面的意识,养成良好的习惯。

1. 店员的仪容仪表

店员整洁的仪容仪表最能够感染顾客。具体内容如下:

(1)头发修饰

头发最能反映一个人的精神状态,必须保持整洁,做到勤清洗、勤修剪和勤梳理。对女性店员的要求:应选择短发为主,既易于打理,又便于工作。对于男性店员的要求:前发不覆额,侧发不掩耳,后发不触领。

(2)面部修饰

面部是个人形象的外在表现,需要做到面部清洁,脸部无灰尘、无污垢、无汗渍、无分泌物等,始终保持清新的面容。

(3)口部修饰

口部修饰主要包括口腔和嘴唇。店员应注意口腔卫生,保持口腔清新。女性店员要注意唇色的协调,男性店员不得留胡须。

(4)手部清洁

保持手部清洁,勤洗手、勤剪指甲,只许涂无色的指甲油。

(5)制服整洁

店员应着统一制服,服装要合身,上下服装搭配要合理,并保持整洁。

2. 店员的姿态礼仪

优雅的举止是一个人良好教养的外在表达。店员的清晰言谈、大方得体的举止、热情持重的态度,会给顾客留下良好的第一印象。

(1)站姿礼仪

标准的站立姿势,可使男性显得挺拔稳重,女性显得优雅端庄,给顾客以热情可靠、落落大方的良好印象。站立时,应头正颈直,双眼平视前方,嘴唇微闭,下腹微收,挺胸直腰,双肩保持水平,两臂自然下垂,手指并拢自然微屈,左右手中指分别压在左右裤缝,腿伸直,下体自然挺直,脚跟并拢,两脚尖张开夹角45度,重心落在两脚之间。站立后,竖看要有直立感,横看要有开阔感,侧看要有垂直感,给人一种挺、直、高的美感。接待顾客时,头部可微微侧向顾客,腹不宜凸出,臀部同时紧缩,双脚一前一后形成"丁字步"。

(2)走姿礼仪

优雅的步姿能体现出店员的动态之美。走路的美感产生于下肢的频繁运动与上体稳定之间所形成的对比和谐、身体的平衡对称,出步和落地时脚尖正对前方,抬头挺胸,迈步向前。女性穿裙子时,走得要平稳,以便裙子的下摆与脚的动作显出优美的韵律感。男性走路时,要抬头挺胸,由腰部直着踢腿,才能显出活力。

(3)蹲姿礼仪

店员在工作中需要在低处进行整理或提取物品时,可采用两种蹲姿。第一种是高低式蹲姿。下蹲时,左脚在前,右脚稍后,右膝须低于左膝,右膝内侧靠于左小腿内侧,形成左膝高右膝低之态。女性应靠紧两腿,男性则可适度地将其分开。第二种是交叉式蹲姿。下蹲时,右脚在前,左脚在后,左膝由后下方伸向右侧,左脚脚跟抬起,脚掌着地,两腿前后靠近,合力支撑身体,上身略向前倾,而臀部朝下,其适用于女性店员。

(4)手势礼仪

①前摆式

要向顾客做向右"请"的手势时,用前摆式表示。前摆式的方法是五指并拢,手掌伸直,身体一侧由下向上抬起,以肩关节为轴,手臂稍曲,到腰的高度再由身前右方摆去,摆到距离身体15厘米,不超过躯干的位置时停止,并目视客人,面带笑容。

②直臂式

需要给顾客指方向时,采用直臂式。直臂式的方法是手指并拢,掌伸直,屈肘从身前抬起,向抬到的方向摆去,摆到肩的高度时停止,肘关节基本伸直,注意指引方向。

③双臂横摆式

当顾客较多时,表示"请"的手势采用双臂横摆式。双臂横摆式的方法是两臂从身体两侧向前上方抬起,两肘微曲,向两侧摆出,指向前进方向一侧的臂应抬高一些,伸直一些,另一手稍低一些,曲一些。

④横摆式

在表示"请进"时,常用横摆式。其方法是五指并拢,手掌自然伸直,手心向上,肘微弯曲,腕低于肘。开始做手势应从腹部之前抬起,以肘为轴轻缓地向一旁摆出,到腰部并与身体正面成45度时停止。头部和上身微向伸出手的一侧倾斜,另一手下垂或背在背后,目视顾客,面带微笑,表现出对顾客的尊重和欢迎。

⑤斜摆式

请客人落座时,采用斜摆式。其方法是手势应摆向座位的方向,手要先从身体的一侧抬起,到高于腰部后,再向下摆去,使大小臂成一斜线。

3. 店员的微笑礼仪

微笑能给人以亲切、友好的感受。微笑要与仪表和举止相结合,会使顾客产生宾至如归之感,让顾客再来消费。如果店员仪表不整、举止不当,无论多灿烂的微笑,也不会使顾客产生好感。

4. 柔和简洁的语言

(1)语调节奏

语调能反映出一个人说话时的内心世界,表露其情感和态度。不管话题如何,语调应与谈话内容相协调,抑扬顿挫,节奏清晰,富有吸引力。

(2)音量语速

音量要适中,语速要根据具体情况进行调节,这样才能达到良好的谈话效果。如果速度太快,顾客听不太清楚,自然会影响到服务质量。如果对顾客说话反应太快,并不时打断,是一种不尊重顾客的表现。如果对顾客话语反应太慢,则会被顾客认为店员没有认真听。

(3)简洁流畅

发音要标准,吐字要清晰,表达要简洁,语言要流畅,才能增强语言的感染力,获得顾客的好感与信任。

5. 倾听顾客说话

在沟通过程中,80%是倾听,20%是说话。倾听是一种非常好的回应方式,既能鼓励顾客继续说下去,又能保证自己理解顾客所说的内容,产生事半功倍的效果。积极倾听的要点如下:

(1)全神贯注地倾听

倾听时,眼睛要注视说话的人,将注意力始终集中在别人谈话的内容上,给予对方一个畅所欲言的空间。不要随意打断对方的说话、不要插嘴、不抢话题,要表现出认真、虚心的态度。

(2)耐心地倾听

耐心倾听顾客说话,并辅以适当的表情、动作或简短的回应语句,会使顾客产生被尊重的感觉,激起其继续谈话的兴趣,促进双方进一步的交流,创造出和谐轻松的气氛。

6. 规范礼貌的服务

规范礼貌的服务,对于开展服务工作具有积极的作用。店员应做到以下几点:

(1)尊敬顾客

对顾客的服务,店员应使用尊称和敬语,要进行站立微笑服务,先长后幼,先女后男,服务要规范有礼,创造良好的文化氛围。

(2)主动服务

顾客光临,店员首先要进行问候,由近而远地主动询问顾客的需求,并积极予以解答或服务,形成一种良好的企业文化。

(3)信息清晰

面对顾客的沟通,店员不仅要了解顾客的需求,更重要的是解答内容要简明扼要,条理清楚,不用听者重复求证或反问,体现出良好的服务素质。

(4)商业诚信

面对顾客的需求,店员必须有职业道德,言而有据、以诚待人,要说到做到,不能为了一时讨好顾客而随意许愿承诺,弄巧成拙。

二、门店经营的执行者

店员是门店运营工作的执行者,负责商品的销售、货物的收款、商品的管理、门店设备的安全和环境卫生等具体工作,需要具备相关的专业知识与技能。要成为一名优秀店员必须加强以下几方面的学习:

1. 接近顾客的方法

(1)接近顾客的时机

店员应针对不同的顾客选择最佳时机。进入购物场所的顾客通常有以下两类:

①有特定目标的顾客。这类顾客是专程来购买某种商品的,进场直奔指向商品,此时店员应主动迎前服务。

②闲逛型顾客。这类顾客的购物目的不明确,发现合适的商品才会产生购物动机,此时店员切忌奔前推销,要寻找最佳时机。有五种不同情形:第一种情形,在店里边走边浏览货架上和橱窗内产品的顾客,突然停下脚步注视某一产品,这时是店员与其打招呼的最好时机。如果顾客已经找到某种想要的产品,但没有店员过来招呼,很可能会走开,继续浏览其他产品。第二种情形,顾客主动提问、询问有关产品的情况,说明顾客对该产品已经有兴趣,店员应详细介绍。第三种情形,顾客花很长时间只看某一产品,说明顾客对该产品非常感兴趣,这时店员要把握良机,主动迎前服务。第四种情形,顾客在触摸商品或者拿在手上翻看时,表示其有购买之欲,此时店员可稍微等一下,从侧面走过去轻声地招呼顾客。第五种情形,当顾客看着产品又四处张望时,此情表示顾客有进一步询问产品的需求,店员应立即迎前服务,稍加迟疑,顾客就可能会离开,去浏览其他商品。

(2)接近顾客的途径

接近顾客技巧的方法有三个方面:一是搭讪接近。店员应利用各种机会主动与顾客打招呼,进而将顾客注意力引到商品上来。搭讪要积极主动,寻找与顾客的相同点,并充满热情,缩短双方的距离。二是提问接近。店员根据顾客的表情或行为,通过提问题的方式接近顾客。如"您好,有什么可为您提供帮助的吗?"。三是誉词接近。店员根据实际情况,对顾客的外表、气质等进行赞美,顾客一般都会表示友好,并乐意与之交流。与顾客交流通常保持一米五左右的距离,与顾客交谈过程中注意察言观色,要根据顾客的表情和反应来调整说话的内容。

2. 获得顾客好感的方法

店员要获得顾客好感的方法如下:

(1)赞美

赞美要做到真诚、发自内心、基于事实,要因人而异、突出个性,要注意性别,避免误会,要充满热情,不能表现得漫不经心。

(2)目光

店员要学会用神眼与顾客交流,目光要真诚、柔和,目光落在额头至两眼之间表示严肃认真,目光落在两眼至嘴之间表示友好平等,避免眼神不当导致误会。

(3)倾听

店员要积极主动地听顾客所讲的事情,掌握真正的事实,借以解决问题,并不是被动地听顾客所说的话。人都有发表自己见解的欲望,而倾听成了店员对顾客的最高恭维和尊重,还可从中更多地了解顾客的信息和真实想法。

3. 提高顾客回头率的方法

(1)提高产品服务质量

顾客在门店进行消费,会对每一次购物的商品质量、店员服务做出评价,这种评价将决定其的后续购买行为。因此,提高门店的商品和服务质量是增加顾客回头率的最根本方法。

(2)回报老顾客

通过对顾客进行分级的方法,对忠诚度高的顾客让其享受特殊的优惠。例如,发行自己的 VIP 卡,用于奖励自己的常购顾客,顾客在持卡购物的时候就可以获得一般消费群体所不具备的优惠。

(3)提供售后服务质量

顾客在门店购买的不仅仅是商品,还包括售后的有关服务。门店具有完备的顾客服务体系,能及时、有效地为顾客提供优质售后服务,让顾客买得放心,就会增强顾客的眷顾意愿,再次光顾。

4. 处理顾客投诉的方法

门店在日常经营的过程中,往往会由于产品或服务质量的原因引起顾客的投诉。处理顾客投诉,应依据原则、程序和方法。具体内容如下:

(1)处理顾客投诉的基本原则

①表示诚意。首先应表明自己的身份,让顾客产生一种信赖感,同情其所面临

店员操作实务

的困境,愿意并相信自己能帮助他解决问题。

②不予争辩。无论前来投诉的顾客情绪如何激动、态度如何不恭、言语如何粗鲁、举止如何无礼,接待人员都应冷静、耐心,即使投诉无理,也不予辩解或反驳,不与顾客争辩,做到有礼、有理、有节。

③处理及时。处理顾客投诉的时间越早越好,容易解决问题,也较容易得到顾客的谅解。反之,顾客的怨气越积越大,处理起来也更加棘手。

④维护利益。处理投诉切忌在真相不明之前急于表态,应弄清事实后再作诚恳道歉,并给予恰当处理,不可损害门店经济利益。

(2)处理顾客投诉的程序

首先,在接受顾客投诉时,要认真倾听,了解投诉的原因,明确顾客的要求,确定相关责任;其次,如果责任不在门店一方,应诚恳地向顾客说明,如果是由于门店的责任,应诚恳地向顾客道歉,提出令顾客满意的解决方法;最后,根据顾客投诉的意见责成有关部门落实改正,进一步完善经营管理制度,杜绝类似事件再次发生。

在处理顾客投诉时,要做到"八个不":不要立刻与顾客讲道理;不要急于得出一个结论;不要盲目地一味道歉;不要言行不一致;不要鸡蛋里挑骨头、无中生有,责难顾客;不要转移视线,推卸责任;不要与顾客做无谓争论;不要中断或转移原来的话题。

(3)顾客投诉处理的方法

①现场投诉处理的方法。创造亲切、轻松的气氛,以缓解对方内心通常会有的紧张心情;注意听取顾客的怨言;态度诚恳,表现出真心为顾客着想的态度,并告知自己独立处理的权限,不使对方抱过高的期望;把顾客投诉中的重要信息详细记录下来,不要随意中止谈话;解决问题方案应让顾客能有选择;尽量在现场把问题解决;不能马上解决问题时,应向顾客说明解决问题的具体方案和时间。

②电话投诉处理的方法。顾客以电话方式进行投诉居多,且往往在气头上,又看不见对方的表情,这些都为电话处理投诉增添了难度。正确处理的方法包括:一是倾听。先确认顾客姓名、地址、电话号码、购物货名事项,再认真听取顾客的投诉事由,以简捷的词句填写顾客投诉处理卡,并进行全程录音。二是表态。通过顾客声音信息把握顾客心态,以压低声音表示自己的同情,以恭敬有礼的态度对待顾客,使对方产生信赖的感觉。三是处理。提出具体的处理方案,听取顾客的意见,告知相关具体事项。

③上门处理投诉的方法。登门拜访处理顾客投诉,一般是门店方面承担责任较大的事件。正确处理的方法:一是预约拜访时间。先电话联系,确定具体时间地点,告知来访对象。二是登门致歉,登门时携带小礼品送上,真诚地表达歉意,态度要诚恳,无论顾客言辞是否过激,都要保持冷静。三是就地处理。根据预先做好的

处理方案争取一次性解决,在拜访中不要过多地用电话向上司请示。

体验活动

一、活动背景

在结束本项目任务一的学习后,每个学习活动小组对以下的案例进行讨论,开展认识优秀店员的体验活动。

二、活动要求

案例内容:日本"7－11连锁便利店"的员工,每天按照规定清扫的场地、清扫的次数、使用清扫工具、用何洗涤品、何种方式清扫、清扫顺序的要求进行自觉的工作。顾客一进门,店员高喊"欢迎光临"。对购买盒饭的顾客要问一句"需要加热吗"。当很多顾客在一处等待结账时,要说"请到这边结账"。收银时唱收唱付,道一声"谢谢,欢迎再次光临"。顾客等待时,一定要说"让您久等了"。营业时,店员之间不窃窃私语,认真做好自己本职工作。店员用标准的寒暄语,与顾客道礼。请根据案例的内容,基于优秀店员角色进行分析。

门店经营形象代表的描述及分析	门店经营执行者的描述及分析

店员操作实务

任务二　树立优秀店员的品质

优秀店员的品质是多方面的,除了已经介绍的导购员、理货员、收银员、防损员的知识技能以外,还要具备相关的客服知识、操作技能,为提升店员职务位级奠定坚实的基础。

学习指南

一、具备相关客服管理知识

商场如战场,店员必须做到知彼知己,才能百战不殆。除了掌握本岗位的具体工作技能以外,还要熟悉顾客的性格、消费心理特征等知识,这对一位优秀的店员来说是至关重要的品质。

1. 顾客的性格与类型

优秀店员了解顾客的性格,投其所好,这对店员工作来说是至关重要的。顾客从性格上可分为沉默型、腼腆型、慎重型、犹豫型、顽固型、商量型和刻薄型。

(1)沉默型顾客

沉默型顾客在整个购买过程中表现消极,对推销冷淡。他们主要有以下两类:

①天生沉默型。店员在与这类顾客沟通过程中,顾客并非假装没听到,只是天生的性格使他们不爱说话。店员针对这类顾客要先了解顾客的想法,再提出一些诱导性的问题来引出话题刺激顾客的谈话欲。

②故意沉默型。店员在与这类顾客沟通过程中,顾客对产品或服务不感兴趣,故装出沉默寡言的样子让你知难而退。店员针对这类顾客要寻找话题,提出一些让对方不得不回答的问题让他说话,以拉近彼此距离,再导入正题。

(2)腼腆型顾客

腼腆型顾客在整个购买过程中,动不动就双颊绯红、容易害羞。与腼腆型顾客沟通时,不要直接注视,最好将商品拿在手上进行解说,并要投其所好,否则难以接近。

(3)慎重型顾客

慎重型顾客在整个购买过程中,处世谨慎,凡事考虑得较为周到,如质量、包装、价格、品牌、售后服务等综合因素,并货比三家后再决定。这类顾客一旦接受了某位店员服务后,就比较容易成为其忠实的顾客。

(4)犹豫型顾客

犹豫型顾客在整个购买过程中,总是无法下定决心。其原因是由于顾客本身完全不懂得抉择或者店员回答得不明确。此时最好的方法是找一个机会,从旁边提醒,以帮助其做最后的决策。

(5)顽固型顾客

顽固型顾客多为老年顾客,在消费上具有特别偏好的顾客,对新产品无意接受,不愿意改变原有的消费习惯。店员不要试图在短时间内改变这类顾客,否则容易引起对方反应强烈的抵触情绪和逆反心理,还是用商品的质量、功能和数据来说服更有把握一些。

(6)商量型顾客

商量型顾客的性格比较开朗,容易相处,不喜欢当面拒绝别人,容易接受店员的意见。面对这种类型的顾客,店员应确立责任心,要根据顾客的实际情况做出合理的判断,不能为获取高利润,极力推销不适合的商品。

2. 顾客购买动机的基本类型

购买动机是指能够引起顾客的购买活动、推动顾客去满足某种需要的念头和欲望。常见的有以下八种类型:

(1)实惠型

实惠型是指顾客选购商品特别注重功能、质量和实际效用,不过分强调商品的式样、色调等,几乎不考虑商品的品牌、包装等非实用价值的因素。

(2)美感型

美感型是指顾客在选购商品时,特别重视商品的造型、颜色、装潢和款式等,以及使用商品时所体现出来的特殊气质和个性风格,而对商品价格不太在意。随着人们生活水平的提高,追求美观的购物动机在顾客购买活动中越来越占支配地位。

(3)新奇型

新奇型是指以追求商品新潮为主要特征的,对社会时尚反应敏感,不受传统观念的束缚,追求个性化。这种顾客选购商品时特别注重商品的款式、造型等是否新颖和流行,而对商品的质量、实用性和价格并不是十分介意。

(4)名牌型

名牌型是指以追求名牌为主要特征的,几乎不考虑商品的价格和实际使用价值,只是通过购买、使用名牌来显示自己的身份和地位,从中得到一种心理上的满足。具有这种购买动机的顾客一般都具有相当的经济实力和一定的社会地位,具有较强的炫耀心理。

（5）兴趣型

兴趣型是指购买行为取决于个人的嗜好，由于生活习惯、职业等原因，往往对某些商品表现出特别的兴趣，成为这类商品的经常性购买者。这类顾客对商品具有较高的欣赏水平和挑选能力，一般不受广告宣传的影响。

（6）攀比型

攀比型是指顾客在购买商品时，不是出于对商品的实际需要，而是为了与别人比较，向别人炫耀。这类顾客的购买行为具有较大的盲目性，具有与人攀比、争强好胜的特点。

（7）便宜型

便宜型是指顾客对商品的质量、花色、款式、包装等都不会过分挑剔，对降价、处理价、减价、折价的商品非常感兴趣。这类顾客是低档商品、残次品、积压品、削价处理品的主要推销对象，以追求价格低廉的商品为主要特征。

（8）方便型

方便型是指顾客关心能否快速方便地买到商品，追求购买过程的简便，也希望购买的商品能够方便携带、使用和维修。具有这种动机的顾客，大多是事业型的男性。

3. 顾客消费心理的基本类型

不同类型的顾客具有不同的消费心理，一个优秀的店员要充分掌握顾客消费心理方面的知识，把握顾客消费心理，适时地推介本店的商品。

（1）依据性别区分

①女性顾客消费心理。女性顾客消费心理具有两大特征：一是追求时髦、美观。女性顾客在购买商品时，非常注重商品的外观，想到的是这种商品能否展现自己的美丽，能否增加自己的形象美，能否使自己显得更加年轻和富有魅力。二是喜欢从众、炫耀。女性顾客在购买商品时，主要是用情感支配购买行为，喜欢追求高档产品，只要能显示自己的身份和地位，就会乐意购买。

②男性顾客消费心理。男性顾客消费心理具有三大特征：一是注重商品的效用。男性顾客购买商品多为理性购买，不受现场气氛的影响。二是购买独立、果断。男性顾客在购买商品时，不喜欢有同伴陪同，也不大需要别人的意见，一旦决定购买某种商品，就比较果断。三是不太注重价格。由于男性本身的攻击性和成就欲较强，购物时喜欢选购高档气派的商品，不愿讨价还价，忌讳别人说自己小气。

（2）依据年龄区分

①少年顾客消费心理。少年顾客是指年龄在 11～17 岁的消费者，其消费心理具有两大特征：一是介于儿童与成年人之间，好奇心强烈，喜欢与成年人相比；二是购买行为逐渐由受家庭影响转变为受社会影响，开始显现出一定的购买倾向性。

②青年顾客消费心理。青年顾客是指18～35岁的消费者,其消费心理具有两大特征:一是追求时尚。青年顾客容易冲动,易受社会影响,往往无理由地选用名人或明星所消费的时尚商品,不论价值,崇拜的感情成分远远超过理智成分。二是追求个性。青年顾客内心丰富,感觉敏锐、易于接受新鲜事物,喜欢购买一些能体现自己个性的商品。

③中老年顾客消费心理。中老年顾客是指36岁以上的消费者,其消费心理具有三大特征:一是富于理智,对商品的质量、价格、用途、品种等作了详细的了解后,才会做出购买决策;二是精打细算,比较节俭;三是坚持主见,相信自己的经验,对品牌的忠诚度较高。

4. 判断顾客的需求

顾客步入门店是带着购物需求的意识,店员的工作就是协助顾客完成购物行为,满足顾客的购物目标。店员判断顾客需求的方法如下:

(1)仔细观察

店员通过顾客对着陈列商品的目光、挑选商品的行为和四处张望的现象,可以基本发现其购物的需求,即商品的类型、牌号、价位等。

(2)合理询问

店员依据顾客表现出的购物行为,通过指向性的询问,就能获得顾客的需求。指向性的询问主要包括:买什么;为谁买;有何用处;有何爱好;等等。

5. 商品介绍方法

商品介绍是店员为了让顾客进一步了解商品,激发其购买欲望而采取的一种手段。店员向顾客介绍商品的具体方法如下:

(1)直接讲解法

直接讲解法是指将商品的功能、性质、使用方法等核心要素向顾客进行简明扼要地介绍,介绍的内容应易于顾客了解。该方法能节省顾客的时间和精力,并具有一定的实效。

(2)举例说明法

举例说明法是指列举其他顾客使用商品的实例,间接地表明了该商品的特点、功能和优点的叙述方法。这种方法很有说服力,容易被顾客接受,并得到了广泛的应用。

(3)借助名人法

借助名人法是指利用一些有名望的人使用某商品来说明商品的特色、完好和优质的一种方法。当顾客觉得名人都有消费,就会相信商品的品质。运用这种方法时,一定要真人实事,如果不尊重事实,自己胡乱编造,那只能起到适得其反的宣传作用。

（4）资料证明法

资料证明法是指在销售过程中，凭曾获得某项荣誉证书、质量认证证书、专家评论、广告宣传情况、报刊报道情况和统计数据等资料来说明该商品品质优良的方法。在实际销售工作中，该方法的效果较好。

（5）展示解说法

展示解说法是指将商品展示在顾客面前，边展示边解说，通过生动的描写和商品本身的魅力，促使顾客产生消费欲望的方法。店员在展示商品时要特别注意展示的步骤与艺术效果，注意展示的气氛，进行商品说明时，应针对不同的顾客和消费心理，在内容介绍上要有所侧重。

二、具备相关营销管理知识

1. 促销方案的制定

促销是指门店向消费者传递商品信息，刺激和诱导消费者购买的过程。通常顾客进入店面，计划性购买者仅占 30%～40%，而冲动性购买则占到 60%～70%。通过开展多种促销活动，才能扩大销售，提高门店经济效益。

制订促销方案应注意以下三个方面的问题：

（1）明确促销活动的目的

通常有四个基本目的：一是树立店铺形象，参与市场竞争；二是刺激消费，增加营业收入；三是优化商品结构，推销滞销，加速资金流转；四是介绍新商品。

（2）测算促销的费用

促销费用与促销规模成正比。由于这些费用支出要从销售额中得到补偿，所以促销活动的规模必须要考虑门店的实际承受能力。

（3）确定促销活动的时间

促销活动通常安排在节假日，起止日时间与节假日基本同步，或提前几日开始，推后几日结束。对于某一种或者某几种商品开展促销活动，通常选择一周时间为宜。

2. 广告促销

广告促销是运用各种手段向消费者、厂商企业和各类社会机构提供各种商品信息，宣传企业形象、扩大知名度和提高销售额的一种有效方法。广告能引发顾客的注意，引发顾客的兴趣，刺激顾客购买的欲望，最终导致顾客购买的行为。

（1）广告促销的目的

广告促销的目的主要有三个方面：一是通知性目的，主要用于一种产品的开拓阶段。向顾客告知店内新增的商品，宣传新产品的功能或用途，提倡一种消费的新时尚、新理念，引导顾客的消费观念。同时，告知顾客店内有关商品价格的变动，具体描述所提供的服务,宣传门店的经营特点,树立形象;二是说服性目的,通过与这一类产品中的其他一种或者几种品牌的比较来建立本产品的优越性。其目的是改变顾客对店内环境的不良印象,使顾客对店内商品的品质放心,说服顾客立即做出消费的决定,说服顾客接受一次消费体验;三是提醒性目的,是为了保持市场份额,维系老顾客,抓住老顾客的心,维持其对目的的忠诚度。

(2)广告促销的评价

广告促销活动的评价主要包括五个方面的内容:一是广告吸引顾客注意力程度如何;二是广告激起顾客的兴趣程度如何;三是广告的中心内容和其利益交待是否清楚;四是特定诉求的有效性如何;五是广告激起行为的可能性如何。综合评价应该是销售额在广告后提高了多少比例。

三、具备相关操作技能知识

1. 寄存包服务工作

寄存包是大型超市的一项基本服务工作,店员应该了解寄存包服务的操作规范。

(1)存包方式

存包方式有以下两种:

①人工存包。是指将包及小件物品寄放在服务台,店员要提醒顾客不要将贵重物品进行寄存,以免丢失。人工存包的操作流程:第一步,当顾客寄存包时,把包放入寄存柜,并给顾客一张与寄存柜号码相同的存包牌,如存放在柜外,应在物品上夹上与存包牌号码相同的存包牌;第二步,当顾客凭存包牌号码取回寄存物品时,要核对号码,确保从正确的寄存柜中拿出正确的物品归还给顾客。

②自助存包。是指门店提供存包柜,顾客只要按下键盘上的"存"字键,密码纸口就会自动提供一张密码纸,并将柜门自动打开,寄存好包后关上柜门,柜子便会自动锁上。取包时将密码纸在键盘上扫描,柜门就会自动打开。要提醒顾客注意,不要将贵重物品进行存放,防止丢失。

(2)寄存包服务工作规范

主要内容:保持区域内的整洁;应确保每一张存包牌都与柜子的号码保持一致;服务时要面带微笑、热情积极、礼貌用语;询问顾客是否有贵重物品,如果有,则应请顾客随身携带;当日营业时间结束前未取走的寄存物品,进行登记,保存一周,然后再销毁;丢失顾客的包或物品,应通知主管,并承担相应的责任。

2. 赠品发放操作工作

赠品是门店与供应商为促进商品的销售,对购买一定数量商品的顾客给予奖励性质的搭赠物品,在服务台或由供应商在店外进行发放。赠品促销是指当顾客购买某种商品时,以另外有价物质等方式来直接提高商品价值的促销活动,其目的是通过直接的利益刺激达到短期内的销售增加。

(1)赠品发放的原则

该原则有四个方面:一是赠品的发放必须以告示及传单所公布的发放方法为准,赠品凭购买小票发放,发完即止;二是发出的赠品不予换货;三是赠品的发放须有台账记录,有相关人员及顾客的签名;四是活动结束后,要进行清点。

(2)赠品出入库管理规范

该规范有三个方面:一是赠品进出仓库必须有详细的清单记录,清楚显示每日的进出账,进以收货清单为准,出以发放记录为准;二是每日营业结束后,根据电脑中的销售数据,核对发出的赠品数量是否与之一致;三是每日营业结束后,核对仓库的库存数字是否与发出的数量相吻合。

(3)赠品保管操作规范

该规范有三个方面:一是赠品仓库应该保持清洁、整齐,赠品按供应商进行分类,并注明活动的时间;二是赠品仓库由客服中心赠品发放处人员专门管理;三是赠品仓库必须符合消防安全的要求。

(4)赠品管理要求

该管理有六个方面的要求:一是赠品严禁私用、私自转卖、私拿送礼;二是赠品严格执行申请领用制度,不得多领多报;三是赠品分配实行专人负责制;四是严格按店铺要求保管和发放赠品;五是交接班时清点好赠品数量,每日如实填写销售记录及赠品发放记录表;六是活动结束后要进行清点,与相关部门核对赠品数量,交接剩余赠品。

3. 异议处理方法

店员在处理顾客异议时,应根据异议的类型及原因来确定处理方法。其基本方法如下:

(1)直接否定法

直接否定法是指顾客提出的意见与实际情况不符时,店员对其意见进行直接否定的方法。使用直接否定法时,店员的表述语气要柔和、婉转,绝不能让顾客产生对立情绪,这样才有达成交易的可能。

(2)间接否定法

间接法是店员根据有关事实与理由间接否定顾客异议的一种处理方法。间接法适用于因顾客的无知、成见、片面经验、信息不足与个性所引起的购买异议,这种方法要求店员避开顾客来势迅猛的情绪,转换角度,再间接地反驳顾客提出的异议。

(3)转化法

转化法是指店员直接利用异议中有利的一部分因素，并对此加工处理，转化为自己观点去消除异议。转化法既能回避异议，又能转化矛盾，变消极为积极，使顾客的内心障碍不攻自破，从而促使成交。

（4）询问法

询问法是指当不清楚顾客异议的真实原因时，通过询问的方法以明确其因，并采取针对性的措施进行消除异议的一种方法。在运用询问法时，注意尊重顾客，适度地询问，否则会引起顾客的反感。

（5）讨教法

讨教法是指店员在遇到顾客的反对意见时，要积极向顾客讨教，获得和顾客讨论的机会，在讨论中说服顾客的方法。只要店员有足够的事实、数据证明，并保证气氛的友好，就一定能说服顾客，达成交易。

（6）补偿法

补偿法是指店员在基于商品客观存在问题的基础上，向顾客提供抵偿商品缺陷所带来经济损失的一种补偿方法。在运用补偿法时，应针对顾客主要购买动机进行有效地补偿。

（7）冷处理法

冷处理法是指与交易无关的异议，给予拒绝回答的一种方法。采取冷处理法时，可采用沉默，或装作没听见，或转移顾客的话题，或通过幽默答应，一笑了之。

（8）推迟法

推迟法是指店员暂不处理顾客异议，等待顾客自我提示后再处理的策略。在这种情况下，店员可以在演示及证明所推销的产品后，留下一段时间给顾客，让顾客自我消化店员的推销建议。在应用推迟法时，应展示尽可能多的证据。

4. 不同类型的异议处理

要处理好顾客异议，关键是对症下药，不同的异议采用不同的方法。具体内容如下：

（1）质量异议

质量异议是顾客对商品的功能、质量、功效等提出异议。处理质量异议的方法有四个方面：一是强调商品的实用性；二是强调商品的性价比；三是强调商品的差别优势；四是提供商品的保证。

（2）价格异议

价格异议是指顾客因对推销商品的估价过低而提出的异议，认为"太贵了"、"别的商品比较便宜"等。处理价格异议方法有三个方面：一是强调价格与质量、效用的统一性，与高价格相对应的是高质量、高效用；二是强调商品能够给顾客带来的利益和满足；三是价格对比，就是将顾客打算购买的商品与其他商品的价格进行比较,说服顾客。

5. 购买时间异议

购买时间异议是指顾客认为现在不是购买的最佳时间而想推迟购买的时间。解决购买时间异议的方法有三种:一是店员要省略客套话,直接谈商品能给顾客带来的好处,诱发顾客提出疑问;二是店员抓好时机,激励顾客不要错过良机;三是店员可适当给顾客施加压力,如该商品限量推出等,促使顾客尽早下定决心。

6. 发票管理规定

(1)领取发票

收银员每天上岗前到现金室领取发票,登记领用发票的种类、号码,并在登记簿上签名。装置时,收执联与存根联的位置不可有误,而且二者的号码必须一致,便于日后顾客与公司查账。营业结束后,收银员将全部领用发票送回现金室,现金室将已经使用完毕的发票归档存放,并根据营业的需求准备足够的发票本数。

(2)作废发票处理

如果发票作废,每发生一张作废结算单,都必须有顾客的签名,并登记在作废结算单记录本上,由收银员和收银主管签名。所有作废结算单必须在营业总结账之前办理,不可在总结账之后补办,避免收银员的不良行为。收银员每人一本作废结算记录本,格式为一式两联,一联随同作废结算单转入会计部门,另一联由收银部门留存,以考核收银员的差错率等情况。如果作废结算记录本遗失,应视为收银员收银的短缺,由收银员自己负责,防止徇私舞弊。

四、具备相关设备使用知识

在门店的正常营业过程中,要保证设备的正常运行,必须要求店员在使用前和使用过程中了解设备的功能、使用与维护方法,进行规范化操作,提高设备的使用率。

1. 电梯使用规范

(1)自动扶梯使用规范

该规范的主要内容包括:一是自动扶梯由店铺管理人员统一开启、关闭;二是不得用自动扶梯搬运商品;三是保持扶梯清洁,不得将杂物扔在扶梯上;四是不可擅自按钮紧急停机,如发现扶梯有异常应及时通知店长。

(2)观光电梯使用规范

该规范的主要内容包括:一是观光电梯由门店管理人员统一开启、关闭;二是不得使用观光电梯搬运商品;三是保持电梯清洁,不得将杂物扔在电梯内;四是严禁在电梯内乱张贴商品广告纸;五是严禁损坏电梯内设施及玻璃围墙。

(3)货梯使用规范

该规范的主要内容包括:一是店内货梯由专人开启、关闭;二是严禁把货梯作为代步设施使用;三是严格按照货梯使用说明操作,不得大力敲击操作键;四是搬运商品进出货梯时不得碰撞货梯;五是货梯不得超载;六是货梯到达后,应立即把商品一次性卸下,不允许用物品阻挡货梯门;七是发现不安全因素时应停止使用,如中途出现故障,应按铃求援,不允许乱敲操作键。

2.空调使用规范

(1)温度调节

一般来说,人们生活及工作的环境与外界的温差不宜过大,保持在 5～8 摄氏度对人体健康较为有益。夏季门店室温应保持在 27～28 摄氏度,冬季宜保持在 18～20 摄氏度较为适宜。

(2)湿度调节

空气过于潮湿或过于干燥都会使人感到不舒服。一般来说,冬季相对湿度在 40％～50％之间、夏季在 50％～60％之间较为适宜。空调在制冷运行中伴随着去湿过程,因此在降低室温的同时也降低了室内相对湿度,以创造一个舒适的购物环境。

(3)气流速度调节

人处在适当低速流动的空气中比在静止的空气中要觉得凉爽,如处在变速流动的气流中则会比处在恒速的气流中更觉得舒适。一般来说,室内以 0.1～0.2 米/秒变动的低速气流对人体最为适宜。

(4)空气洁净度调节

空气中一般都处于悬浮状态的固体颗粒或液体微粒,很容易随人的呼吸进入气管、肺等人体器官,并粘附其其上。连锁门店的人流密度较大,用空调对空气进行滤清显得十分必要。空调是依靠内部设置的新风门来补充新鲜空气的,有的空调还装有负离子发生器,来达到进一步改善室内空气品质的目的。与此同时,在空调室内部分进风口处装配滤尘网,去掉室内空气中的灰尘,以保持室内空气的洁净。

3.封口机使用规范

封口机主要用于压封商品塑料包装袋。其使用要求:一是每次压封时间应控制在 10 秒钟以内,严禁超时;二是压封强度不宜过大,且应等塑料袋冷却后方可取出;三是严禁空压机器;四是应经常用干抹布擦拭机身,保持接口处电热丝洁净。

4.打价机使用规范

打价机用于商品价格标贴的打印、粘贴。其使用要求:一是按照打价机说明书中的装纸要求将打价纸装入机内,不要用力合上打价机底盖;二是核对实物和标价签无误后,按照标价签上的编码和价格调出相应的数字,并核对打出的价格、编码

117

是否正确;三是调校数字时,轻轻拉动数字调节器尾端,将指示箭头对准所调数字的位置后,再转动数字调节旋钮,调出所需数字,严禁在箭头在两数字中间位置时转动调节旋钮;四是使用打价机时不能用力过大,应将机身出纸部位轻触商品,严禁敲击商品;五是打价机使用完毕后应放在指定位置;六是如发现打出的字迹不清晰时,必须给油墨头加墨,加墨量一次为 2～3 滴;七是严禁用手向外拉打价纸底带。

5. 打码机使用规范

该规范的要求:一是开启打码机电源开关时,要检查指示灯是否显示色带、标签已安装正常;二是安装标签和色带时,注意不要划伤打印头;三是更换不同类型标签时,必须做好检测工作;四是严禁用尖硬物体触及打印头及滚筒或随意调节打码机的相关设置;五是打印头必须两天清洁一次,如使用频繁,须一天清洁一次;六是每次更换色带时,必须用酒精和棉签清洁打印头及滚筒。

6. 电子防盗设备使用规范

该规范的要求:一是防盗门应保持连续通电工作,严禁随意断电,特殊原因断电后必须间隔五分钟后再开启;二是防盗门周围半米不能有金属物品或装有防盗标签的商品;三是在粘贴时要尽量保证软标签的平整,禁止折叠;四是金属商品或带有铝铂纸的商品不能使用软标签;五是如为一部分为金属、一部分为其他材料的商品,把软标签贴在其他材料上面;六是营业前应检查消磁板的电源是否插好,硬标签放在上面发出响声是否正常;七是营业前应检查防盗门的电源是否插好,软标签通过时是否能正常报警;八是收银员收银时,首先用扫描器阅读商品条码,确认商品信息进入电脑后,再把商品放在消磁板上。高度不超过 10 厘米的商品直接放在消磁板上即可消磁,高度超过 10 厘米的商品则将商品放在消磁板上反转商品,以确保商品已经消磁。

体验活动

一、活动背景

在结束本项目任务二的学习后,每个学习活动小组对以下的案例进行讨论,开展认识优秀店员的体验活动。

二、活动要求

案例内容:台湾"诚品书店"24 小时营业,地面全部是实木地板,非常干净,四处摆着鲜花,读者可在地上看书,还有视听教室。每周一、三、五举办名人讲座,书店里面还有油画、咖啡、三明治,油画又挂又卖。最难得的是,只要是世界上已经出版的书,店员都会想尽一切办法帮顾客寻找,这正是"诚品书店"的永恒魅力与核心竞争力所在。请根据案例的内容,分析优秀店员所应具备的品质。

营业理念	专业知识	专业技能

职业技能训练

一、单项选择题

1. 当顾客较多时,表示"请"的手势采用( )。
   A. 直臂式   B. 横摆式   C. 双臂横摆式   D. 斜摆式

2. 在与顾客的沟通过程中,( )是倾听,( )是说话。
   A. 90% 10%   B. 80% 20%   C. 70% 30%   D. 60% 40%

3. 店员要获得顾客好感的方法不包括( )
   A. 赞美   B. 目光   C. 倾听   D. 跟随

4. 顾客在门店进行消费,会对每一次购物的商品质量、店员服务做出评价,该评价将决定其后续购买行为。因此,( )是增加顾客回头率的最根本方法。
   A. 提高门店的商品和服务质量   B. 回报老顾客
   C. 提供售后服务质量   D. 价格优惠

5. ( )顾客在整个购买过程中,处世谨慎,凡事考虑得较为周到,如质量、包装、价格、品牌、售后服务等综合因素,并货比三家后再决定。
   A. 腼腆型   B. 慎重型   C. 顽固型   D. 商量型

6. ( )是指能够引起顾客的购买活动、推动顾客去满足某种需要的念头和欲望。
   A. 购买动机   B. 购买欲望   C. 购买条件   D. 购买行为

7. ( )其消费心理具有三大特征:一是富于理智,对商品作了详细的了解后,才会做出购买决策;二是精打细算,比较节俭;三是坚持主见,相信自己的经验,对品牌的忠诚度较高。

店员操作实务

A. 少年　　　　　B. 青年　　　　　C. 中老年　　　　D. 老年

8. 促销活动通常安排在节假日,起止日时间与节假日基本同步,或提前几日开始,推后几日结束。对于某一种或者某几种商品开展促销活动,通常时间选择(　　)为宜。

A. 三天　　　　　B. 五天　　　　　C. 一周　　　　　D. 半个月

9. 店员在处理顾客异议时,(　　)是指店员暂不处理顾客异议,等待顾客自我提示后再处理的策略。

A. 补偿法　　　　B. 询问法　　　　C. 冷处理法　　　D. 推迟法

10. 电子防盗设备使用规范中防盗门应保持连续通电工作,严禁随意断电。特殊原因断电后必须间隔(　　)后再开启。

A. 3 分钟　　　　B. 5 分钟　　　　C. 10 分钟　　　D. 15 分钟

二、多项选择题

1. 门店运营的服务对象是顾客,店员的(　　),反映着企业员工的人文素质,透视着企业一种文化,代表着门店的形象。

A. 仪容仪表　　　B. 沟通语言　　　C. 亲和力　　　　D. 导购能力

2. 在与顾客沟通时,应该(　　),才能增强语言的感染力,获得顾客的好感与信任。

A. 发音要标准　　B. 吐字要清晰　　C. 表达要简洁　　D. 语言要流畅

3. 接近顾客技巧的方法包括(　　)。

A. 搭讪接近　　　B. 提问接近　　　C. 尾随接近　　　D. 誉词接近

4. 门店在日常经营的过程中,往往会由于产品或服务质量的原因引起顾客的投诉。处理顾客投诉的基本原则包括(　　)。

A. 表示诚意　　　B. 不予争辩　　　C. 处理及时　　　D. 维护利益

5. 顾客以电话方式进行投诉居多,且往往在气头上,又看不见对方的表情,为电话处理投诉增添了难度。正确处理的方法是(　　)。

A. 解释　　　　　B. 倾听　　　　　C. 表态　　　　　D. 处理

6. 优秀店员了解顾客的性格,投其所好,这对店员工作来说是至关重要的。顾客从性格上可分成(　　)等。

A. 沉默型　　　　B. 腼腆型　　　　C. 犹豫型　　　　D. 刻薄型

7. 男性顾客消费心理具有(　　)等特征。

A. 注重商品的效用　　　　　　　　B. 追求时髦、美观

C. 购买独立、果断　　　　　　　　D. 不太注重价格

8. 商品介绍是店员为了让顾客进一步了解商品,激发其购买欲望而采取的一种手段。店员向顾客介绍商品的方法有(　　)。

A. 直接讲解法　　B. 举例说明法　　C. 借助名人法　　D. 资料证明法

9. 广告促销的目的主要有(　　)

A. 通知性目的　　B. 说服性目的　　C. 提醒性目的　　D. 推销性目的

10. 在门店的正常营业过程中,要求店员在使用前和使用过程中了解设备的功能、使用与

维护方法,进行规范化操作,提高设备的使用率。其中对空调使用规范包括( )。

    A. 温度调节   B. 湿度调节   C. 气流速度调节   D. 空气洁净度调节

三、判断题

1. 店员应注意口腔卫生,保持口腔清新。女性店员要注意唇色的协调,男性店员不得留胡须。   ( )

2. 对顾客的服务,店员应使用尊称和敬语,要进行站立微笑服务,先长后幼,先男后女,服务要规范有礼,营造出一种良好的文化氛围。   ( )

3. 闲逛型顾客的购物目的不明确,发现合适的商品才会产生购物动机,此时店员要奔前推销,要寻找最佳时机。   ( )

4. 在处理顾客投诉越早越好,容易得到解决,已较容易得到顾客的谅解。   ( )

5. 在进行上门处理投诉时,根据预先做好的处理方案争取一次性解决,在拜访中要多次用电话向上司请示。   ( )

6. 实惠型是指顾客选购商品特别注重功能、质量和实际效用,不过分强调商品的式样、色调等,考虑商品的品牌、包装等非实用价值的因素。   ( )

7. 女性顾客在购买商品时,主要是用情感支配购买行为,喜欢追求高档产品,只要能显示自己的身份和地位,就会乐意购买。   ( )

8. 展示解说法是指将商品展示在顾客面前,边展示边解说,通过生动的描写和商品本身的魅力,促使顾客产生消费欲望的方法。   ( )

9. 促销费用与促销规模成反比。由于这些费用支出要从销售额中得到补偿,所以促销活动的规模必须要考虑门店的实际承受能力。   ( )

10. 赠品促销是指当顾客购买某种商品时,以另外有价物质等方式来直接提高商品价值的促销活动,其目的是通过直接的利益刺激达到短期为的销售增加。   ( )

店员操作实务

项目八　职级提升——部门主管岗位职责与能力

学习目标

- 了解各部门主管工作岗位基本职责
- 熟悉各部门主管的工作内容与工作要求
- 明确部门主管岗位工作角色
- 掌握部门主管相关知识与技能
- 具备部门主管工作岗位的基本能力

项目导入

　　部门主管是最基层的操作管理人员，对部门经理负责，协助经理开展本部门的具体工作，安排员工的当日工作，检查员工的到岗、仪容仪表、责任区卫生和工作状况，处理工作中发生的问题，解决顾客的投诉等。部门主管是一个金牌店员的晋级方向，也是未来成为店长的一个重要前提。

　　作为一个学习者，学习并掌握了导购员、理货员、收银员、防损员的知识技能后，必须对这些部门主管的工作职责、工作内容和工作要求有所了解，为将来所从事的店长管理工作打好扎实的基础，张璐同学带着这些想法进入了本项目的学习。

任务一　了解部门主管岗位职责

　　俗话说："不想当将军的士兵不是好士兵"。店员是连锁企业最基层的工作岗位,作为一名优秀店员,在职业道路上为自己确定下一个奋斗目标——部门主管,这就需要了解连锁企业门店部门主管的岗位设置和岗位职责要求。

学习指南

一、部门主管的任职资格

部门主管必须具备下列资格:

1. 学历要求

部门主管必须是具有大专或高职以上学历的人员。

2. 素质要求

部门主管必须具有一定的工作责任心、较好的观察分析与判断决策能力、良好的沟通能力和较好的团队合作精神,具有一年以上的工作经验。

3. 岗前培训

部门主管在上岗前必须接受本公司的主管岗前培训,达到相应的岗位要求。

二、部门主管的隶属关系

1. 所属部门

部门主管所隶属的部门是各在岗的相关部门。

2. 直属上级

部门主管的直属领导是部门经理或助理店长或店长。

三、部门主管的岗位职责

1. 营运主管的岗位职责

(1)职业道德

职业道德的基本要求是:遵章守纪,忠于职守;清正廉洁,奉公守法;令行禁止、服从安排;忠诚企业,自觉维护企业的经济利益。

(2)法律法规

遵守国家法律法规与公司的规章制度。

(3)工作要求

运营主管对运营部门经理或店长负责,直接下级是导购员或营业员。具体主要工作要求有六个方面:一是组织每日的晨会,做好本部门的排班工作;二是每天检查员工的出勤、仪容仪表、各岗卫生区情况;三是做好巡店工作,检查本部门员工

店员操作实务

工作状态、商品陈列状况等；四是负责商场销售绩效数据的收集、分析、反馈；五是完善各项业务流程；六是对员工的职业素质、业务能力进行培训；七是妥善处理门店日常问题和重大突发事件，做好记录并及时报告部门经理或店长。

2. 理货主管的岗位职责

（1）职业道德

职业道德的基本要求是：遵章守纪，忠于职守；清正廉洁，奉公守法；令行禁止、服从安排；忠诚企业，自觉维护企业的经济利益。

（2）法律法规

遵守国家法律法规与公司规章制度的相关规定。

（3）工作要求

理货主管对理货部门经理或店长负责，直接下级是理货员。具体主要工作要求有七个方面：一是组织每日的晨会，做好本部门的排班工作；二是每天检查员工的出勤、仪容仪表、各岗卫生区情况；三是检查岗位工作状况，商品是否丰满陈列、清洁；四是加强商品保质期管理，并随时进行检查；五是负责本区域设备设施的维护和保养；六是对员工的素质、工作态度、业务能力进行培训，提高工作责任感；七是及时解决安全隐患和突发事件，做好记录并及时报告部门经理或店长。

3. 收银主管的岗位职责

（1）职业道德

职业道德的基本要求是：遵守纪律，忠于职守；清正廉洁，奉公守法；令行禁止、服从安排；忠诚企业，自觉维护企业的经济利益。

（2）法律法规

遵守国家法律法规与公司规章制度的相关规定。

（3）工作要求

收银主管对收银部门经理或店长负责，直接下级是收银员。具体主要工作要求有六个方面：一是组织每日的晨会，传达公司指令，激励部门士气，解决工作中存在的问题；二是保证现金的收发安全，负责监督现金室和收银岗人员的工作规范；三是保证收银区正常的收银秩序，合理安排人力；四是负责收银设备的正常运转，能解决和排除简单的设备故障；五是负责本部门员工的培训、评估；六是及时解决各种投诉，做好记录并及时报告部门经理或店长。

4. 防损主管的岗位职责

（1）职业道德

职业道德的基本要求是：坚持原则，忠于职守；清正廉洁，奉公守法；令行禁止、服从安排；忠诚企业，自觉维护企业的经济利益。

（2）法律法规

遵守国家法律法规与公司规章制度的相关规定。

（3）工作要求

防损主管对防损部门经理或店长负责，直接下级是防损员。具体主要工作要求有七个方面：一是组织每日的晨会，做好本部门的排班工作；二是每天检查员工的出勤、仪容仪表、各岗卫生区情况；三是合理安排当日工作，检查岗位工作执行状况；四是每天落实治安保卫消防工作，并随时进行检查；五是安排员工用餐、换班，并做好顶岗工作；六是对员工的素质、工作态度、业务能力进行培训；七是及时解决各种投诉、安全隐患和突发事件，做好记录并及时报告部门经理或店长。

四、部门主管的岗位知识

1. 基本管理知识

（1）木桶原理

盛水的木桶是由许多块木板箍成的，盛水量也是由这些木板共同决定的。若其中一块木板很短，则此木桶的盛水量就被短板所限制，若要使此木桶盛水量增加，只有换掉短板或将短板加长才成，这就是"木桶原理"。木桶原理对部门主管的启示如下：

启示一，改变木桶结构可增加储水量。从木桶原理中，我们可以发现，木桶的最终储水量，不仅取决于最短的那块木板，还取决于木桶的使用状态和木板间的衔接与配合。在特定的使用状态下，通过相互配合，可在一定程度上增加木桶的储水量，如有意识地把木桶向长板方向倾斜，木桶的储水量就会比正立时多得多。也可将长板截下补到短板处，从而提高木桶储水量。这就告诉我们，一个部门就是一个团队，而团队成员的能力是不同的，如果你所领导的团队中存在着"一块最短的木板"，一定要发挥团队合作精神将它补齐，才能增强团队的竞争力。

启示二，通过培养让"短木板"变长。在部门工作中，主管往往器重的是优秀员工，而忽视一般员工的潜能和积极性，从而使得团队合作失去了平衡。想要避免这个问题，部门主管要多关注普通员工，特别是对那些"短板员工"多进行一些鼓励和培养，让他们更快地成长。

启示三，别让"短板"葬送自己。如果把木桶比做一个人的人生，那么"短板"就是人生中的一些弱点或缺点，其制约了个人才能的发挥，甚至有可能葬送一个人的事业。部门主管要有自我成长意识，如果个人在哪些方面是"最短的一块"，应该考虑尽快把它补长，弥补弱点，改正缺点。

（2）蘑菇管理原理

店员操作实务

蘑菇管理原理是指组织或个人运用蘑菇的生长规律对待新进者的一种管理方法。因为新员工常常被置于阴暗的角落,不受领导重视,只是做一些打杂跑腿的工作,有时还会受到无端的批评、指责,甚至代人受过,这种情况与蘑菇的生长情景极为相似。蘑菇的生长特性是需要养料和水分,但同时也要注意避免阳光的直接照射,一般需在阴暗角落里培育,过分的曝光会导致过早夭折。蘑菇管理原理给部门主管的启示如下:

启示一,有利于新员工的培养。古人云:"吃得苦中苦,方为人上人。"对于刚刚步入工作岗位的新人,"蘑菇"经历能够消除很多不切实际的幻想,也能够对形形色色的人与事物有更深的了解,使新人能尽快成熟起来。

启示二,有利于团队的建设。对企业来说,新人刚到单位的一个部门,对工作、人事、环境都不熟悉,通常不会马上给予重要的工作,避免因其对业务不熟练而带来损失。同时,部门主管要关注"蘑菇"的生存环境,适当给予关怀与培养,不要过分施压,给予良好的成长空间,使其迅速成长,增强部门这个团队的整体实力。

(3)手表定律

手表定律是指一个人有一块表时,可确切判断出当前的时刻,当拥有两块表时,却无法确定,使人缺乏对准确时间的判断信心。手表定律给予部门主管这样的一个启发:对同一个人或同一个组织的管理,不能同时采用两种不同的管理方法,不能同时设置两个不同的目标,甚至一个人不能由两个人同时指挥,否则难以适从,直接造成企业的经营管理与工作效率的低下。

(4)沟通漏斗原理

沟通漏斗原理是指在工作中,团队沟通效率呈现下降趋势的一种现象(见图8—1)。对沟通者来说,一个人心里想说的是100%的东西,当在众人面前用语言说出来的只有80%,漏掉20%,当这80%的东西进入别人的耳朵时只有60%,真正被别人理解的东西只有40%,等到化为具体行动时只有20%。

沟通漏斗原理给部门主管的启示:启示一,第一个漏掉20%的原因是没有记住重点,部门主管可在沟通中采用记录要点的方法;启示二,第二个漏掉20%的原因是本人讲话时有干扰,他人在听话时有干扰,部门主管可在沟通中排除干扰因素,保持有效沟通的环境;启示三,第三个漏掉20%的

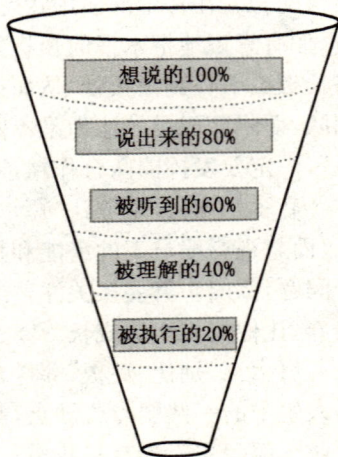

想说的100%
说出来的80%
被听到的60%
被理解的40%
被执行的20%

图8—1 沟通漏斗原理

原因是不懂装懂,部门主管可在沟通中采取询问的方法,不断请教,在确认的情形下,再进行传授;启示四,第四个漏掉 20% 的原因是缺少监督,部门主管可在实际工作中完善监督管理制度,加强执行力度。

(5)目标管理原理

目标管理是通过激励,将管理者的目标转化为被管理者的目标的一种技术。在实际工作中,部门主管可以运用目标管理的原理加强团队的建设

①制定目标的内容

目标内容主要包括:要达成什么目标,明确为什么要这样做;什么时候完成目标,选择有效方法如何去做;达到目标的条件以及人、物、费用、时间。目标要具有"五性":一是具体性,明确具体的工作指标,不能笼统;二是衡量型,绩效指标要数字化;三是可行性,绩效指标经过努力是可以实现的;四是现实性,绩效指标要与本职工作相关联;五是时间性,绩效指标完成的时间要有期限。

②设定目标的步骤

目标设定有七个步骤:第一步分析历史销售数据并预测未来的市场发展情况;第二步确定年度销售目标;第三步寻找匹配的相关资源,如营业场所、资金、货品、人员等;第四步列出可能遇到的问题和阻碍,找出相应的解决方法;第五步分解目标,按时间变量和经营单元将目标分解为更小的目标,如制定日、周、月度工作任务;第六步下达目标及执行;第七步分段控制目标,如日报表、周控制报表、月度控制报表,并加强目标期中检查。

2. 激励机制

激励机制是指通过一定手段使团队成员的需要和愿望得到满足,以调动积极性,使其主动地将个人潜能发挥出来,从而确保既定目标的实现。在实际工作中,部门主管可将有效的激励机制融入到管理工作中,最大限度地提高员工的积极性和工作绩效。激励机制的主要形式有四种:一是经济激励法,就是对成绩突出的员工予以物质奖赏,尤其是重点激励一些脏、累、苦、难等艰苦岗位表现出色的员工,体现出尊重个人价值的理念;二是关怀激励法,就是通过对店员进行关怀、爱护来激发其积极性、创造性的激励方法;三是榜样激励,就是通过具有典型性的人物和事例,营造典型示范效应,让员工明白提倡或反对的理念、作风和行为,鼓励员工学先进,帮后进;四是团队激励,通过给予团队荣誉,培养良好的集体意识,从而产生自豪感和荣誉感,形成一种自觉维护团队荣誉的力量。良好的激励机制不仅仅直接作用于个人,而且间接影响其周围的人,有助于形成一种竞争气氛,对整个部门的发展有着至关重要的影响。

体验活动

一、活动背景

在结束本项目任务一的学习后,每个学习活动小组进行讨论,议题是"我心中的主管",开展认识一个部门主管的体验活动。

二、活动要求

根据某个部门主管的角色,从职责、能力、品质等方面进行归纳,并记入下表:

部门主管职责	部门主管知识技能	部门主管品质

任务二　熟悉部门主管的能力要求

部门主管对部门经理或店长负责,是部门的直接管理者。部门主管的工作主要是对本部门员工的工作进行分配、指导和监督,建设好部门的工作团队,严格执行总部、店长、部门经理的各项指令,圆满完成部门的工作目标。因此,部门主管在业务领导、组织管理、团队建设、执行计划、沟通协调等方面的能力要有所要求,并不断提升。

学习指南

一、部门主管能力要求

部门主管是一线操作岗位管理者,承担本部门的工作职责,既是操作技能型人

才,又是一位最基层的管理者,需要具备岗位的相关知识技能和管理知识。具体内容如下:

1. 业务领导能力

俗话说,打铁还需自身硬。一个好的部门主管首先要练就过硬的岗位工作技能,熟悉本部门的工作内容、工作要求、管理方法,做好对本部门员工的业务指导,及时解决工作中产生的各种问题,协同工作团队一起完成本部门的工作目标。

2. 组织管理能力

部门主管工作职责的另一个主要方面,就是要做好对本部门人与物的管理,尤其是对员工的组织管理。这就要求部门主管依靠管理制度、激励手段和个人的魅力去引导、监督并制约员工的行为规范,充分发挥员工的工作积极性,从而使得本部门的工作目标有序而快速地得到完成。

3. 团队建设能力

有句话叫团结就是力量。部门就是一个团队,加强团队的建设,增强团队的凝聚力,发挥团队的综合效应,是部门主管的一项重要工作。团队建设的核心是凝聚力,必须要融入部门主管的爱心与智慧。具体内容如下:

(1)尊重之心

部门主管必须尊重本部门的每个员工,尊重是赢得真诚的前提。从心理学的角度分析,尽管每个员工都有着不同的个性、文化、经济条件和家庭背景,但彼此不分尊卑,都有着被尊敬的愿望。只有彼此间拥有一颗爱心,团队才能和谐,团队精神才能融入人心。

(2)体恤之心

尊重是赢得真诚的前提,体恤是友好的桥梁。部门主管接触的是一线员工,要重视其心声,关心其"疾苦",体恤其困惑,做到"己所不欲勿施于人"。只有这样,主管与员工的心才能紧紧相连,团队的凝聚力才能增强,团队的力量才能得到充分发挥。

(3)激励鞭策

部门主管要善于利用公司的激励机制,将其有效地融入到具体的管理工作中,对表现突出的员工给予物质和精神奖励,要奖惩分明,具有明显的行为导向,并通过团队合作精神的培养,形成良好的集体意识,从而自觉维护团队的利益。

4. 执行计划能力

部门主管的执行力是指将部门经理、店长或总部的指令变成行动,把行动变成结果的一种能力。执行力包括部门主管个人执行力和部门团队执行力,其主要取决于部门主管是否具有正确的工作思路、有效的管理方法、良好的工作习惯等。提升部门执行力的步骤:第一步是制定部门目标,明确员工的工作方向;第二步是设计组织结构,确定工作岗位;第三步是制定岗位要求,界定岗位职责;第四步是梳理管理流程,协同岗位工作;第五步是设计激励机制,提高员工工作积极性;第六步是考核员工绩效,提高工作效率;第七步是开展员工培训,提升员工整体素质。

5. 沟通协调能力

部门主管的沟通主要有内外两个方面。内部沟通是与直属领导、部门之间、属下员工之间的沟通;外部沟通是指与顾客之间、供应商之间、配送中心之间等与工作相关人员的沟通。沟通是形式,协调是内容,只有互通信息、交换意见、协调异议,求大同、存小异,部门工作目标才能落实,主管的工作成效才能显现。部门主管在沟通协调中要注意以下两个方面:

(1)公平公正

部门主管在管理工作中,无论是谁,都要做到公平公正,因小团体、私人关系的好恶所造成的偏袒,都会引发员工的不满,导致管理者的信任危机,并直接影响到团队建设和工作目标的执行力度。

(2)坦诚相见

坦诚相见是要求部门主管在管理工作中对上级、下属拥有高度的责任心。主管要勇于承担工作中出现失误的责任,并积极寻找原因,及时改正。对工作中出现问题的员工,要作出客观分析与评价,帮助其纠正。要有海纳百川的心态,能听取不同的声音,尤其是不同意见的员工。俗话说,良药苦口,忠言逆耳。部门主管要本着坦诚相见的态度进行对待,不能置之不理,甚至打击报复。

二、步入部门主管工作岗位

一个优秀员工对本岗位的专业知识与操作技能,相比其他员工来说,应该是非常出色的,但与部门主管的管理工作岗位相比还是有较大差别的。新任主管如何开展部门工作,可从以下三个方面入手。

1. 集聚部门信息

对一位新任主管来说,工作起点应该是了解部门的各种情况,掌握各种信息,通过缜密的思考,形成工作思路。收集部门信息主要有以下三个途径:

(1)查阅有关规章制度

公司总部、门店和部门都有相关指导本部门工作的指导文件,如门店运营指导手册、员工工作岗位职责、员工管理条例、员工奖惩制度等,新任主管要从熟悉制度入手,结合本部门的工作状况,把握部门的工作、人员等方面的现状,并找出存在的问题。

(2)查看岗位工作情况

一个部门的员工通常有二三十人,工作的分布也集中在几个岗位。新任主管要利用工作时间,分成不同时间段进行巡视,查看工作现场,关注每个员工的工作状态,了解有关设备的现状,掌握工作中存在的问题,并通过对日、周、月的数据分析或考核评价,在此基础上形成具体的工作计划。

(3)征询员工良策

俗话说,三个臭皮匠赛过诸葛亮。不同的员工对公司、门店和部门有着各种期望或需求,对部门的具体管理工作也有独特的看法,这些见解有助于新任主管的工作思路和工作方法。如果一些好的建议被采纳,并作为某项工作要求的话,对员工来说是一种激励,有利于团队的建设。

2.做好自我表率

新任主管要明确:决战商场,小胜凭智,大胜靠德,要踏实做事、诚信做人,以本部事业为己任,不以本部利益为己有。只有这样,才能得到员工与领导鼓励的支持和肯定。自我表率的具体内容如下:

(1)以身作则

以身作则是指以自己的行动作为榜样。作为一名新任主管,不论是规章制度的执行,还是仪容仪表、言行举止、工作态度等方面的表现,将影响着员工,起到言传身教的作用。员工工作的表现,犹如一面镜子,可从一个方面折射出部门主管的品质和管理能力。

(2)大局观念

新任主管要有大局观念。其主要理念包括:做正确的事情,然后把事情做正确,有所为有所不为;大道行简,把复杂的事情简单化,把简单的事情做完善;做好每一件小事,细节决定成败。

(3)敬业精神

敬业精神是一种基于挚爱基础上的对工作全身心忘我投入的精神境界,核心是奉献精神。新任主管在工作中,要认真踏实、恪尽职守、精益求精,做到干一行、爱一行、专一行,摆脱单纯追求个人利益的思想,保持高昂的工作热情和务实苦干的精神,做好自己的本职工作。

3.加强团队建设

新任主管是部门的管理者,必须要建立一支优秀的工作团队,培养团队精神,通过工作团队全体成员之间相互协助、相互信赖,完成本部门的工作目标。团队建设主要有以下三个方面:

(1)制定团队工作目标

团队工作目标是指每个团队成员坚信实现这一目标的有效价值,并激励着团队成员为完成这个目标做好各项工作的方向。团队工作目标是团队成员的工作方向,由于每一个成员的需求、动机和价值观等不同,往往目标是不一致的,部门主管要善于运用不同的策略、方法和手段，促使目标趋于一致，形成团队奋斗目标。

（2）培养团队精英

团队建设必须加强精英的培养工作，提升个人的综合素质，增强团队整体的综合能力，从而形成一支精英团队，并在激烈的市场竞争中始终保持着优势的地位。一个未经训练的队伍，犹如散兵游勇，一个没有精英的团队，缺乏坚强的战斗力，必然被业态竞争所逐渐淘汰。

（3）树立团队精神

树立团队精神就是强调团队全体成员要有大局意识、协作意识和服务意识的理念，在团队中形成一种强大的凝聚力。团队精神是优秀团队的灵魂和文化，一个没有团队精神的队伍，犹如一盘散沙，难以形成核心竞争力。

体验活动

一、活动背景

在结束本项目任务二的学习后，每个学习活动小组进行讨论，议题是"如何成为一名合格的部门主管"，开展认识部门主管品质的体验活动。

二、活动要求

根据部门主管需要具备的管理理论知识、管理技能，并结合实际工作的要求，就你心目中的部门主管综合职业素质记入下表：

部门主管具备的理论知识	部门主管具备的管理技能	部门主管其他品质

职业技能训练

一、单项选择题

1. 运营主管对运营部门经理或店长负责,直接下级是( )。
   A. 导购员或理货员 B. 营业员或收银员
   C. 导购员或营业员 D. 收银员或营业员

2. 对企业来说,新人刚到单位的一个部门,通常不会马上给予重要的工作,避免其因对业务不熟练而带来损失。部门主管适当给予关怀与培养,不要过分施压,给予一个良好的成长空间,使其迅速成长,增强部门这个团队的整体实力。这属于( )原理的启示。
   A. 木桶 B. 蘑菇管理 C. 沟通漏斗 D. 目标管理

3. 部门主管组织管理能力要求部门主管依靠管理制度、激励手段和( )去引导、监督并制约员工的行为规范,充分发挥员工的工作积极性。
   A. 个人魅力 B. 惩罚手段 C. 监管力度 D. 人员培养

4. 对内与直属领导、部门之间、属下员工的互动;对外是与顾客之间、供应商之间、配送中心之间等与工作相关人员的交流,这些是考验一个部门主管的( )。
   A. 业务领导能力 B. 组织管理能力 C. 执行计划能力 D. 沟通协调能力

5. 对一位新任主管来说,工作起点应该是了解部门的各种情况,掌握各种信息,通过缜密的思考,形成工作思路。收集部门信息不包括( )。
   A. 查阅有关规章制度 B. 查看岗位工作情况
   C. 独立思考问题 D. 征询员工良策

6. 良好的激励机制不仅仅直接作用于个人,而且间接影响其周围的人,有助于形成一种( )气氛,对整个部门的发展有着至关重要的影响。
   A. 竞争 B. 互助 C. 攀比 D. 学习

7. 团队建设的核心是( ),必须融入部门主管的爱心与智慧。
   A. 想象力 B. 凝聚力 C. 亲和力 D. 竞争力

8. 新任主管在查看岗位工作情况时不包括( )。
   A. 关注每个员工的工作状态 B. 了解有关设备的现状
   C. 掌握工作中存在的问题 D. 查阅指导文件

9. 树立团队精神就是强调团队全体成员要有大局意识、( )和服务意识的这种理念,在团队中形成一种强大的凝聚力。
   A. 个人意识 B. 竞争意识 C. 协作意识 D. 创新意识

10. 下列不属于木桶原理启示的是( )。
    A. 改变木桶结构可增加储水量
    B. 更换木桶中的"短木板"
    C. 通过培养让"短木板"变长
    D. 别让"短板"葬送自己

二、多项选择题

1. 部门主管必须具有一定的（　　），具有一年以上的工作经验。

 A. 工作责任心   B. 较好的观察分析与判断决策能力

 C. 良好的沟通能力   D. 较好的团队合作精神

2. 激励机制是指通过一定手段使团队成员的需要和愿望得到满足，以调动他们的积极性，使其主动自发地把个人的潜能发挥出来，从而确保既定目标的实现。部门主管在实际工作中可采用的有效激励机制有（　　）。

 A. 经济激励   B. 关怀激励   C. 榜样激励   D. 团队激励

3. 制定目标的内容时要具有（　　）。

 A. 具体性   B. 可行性   C. 现实性   D. 时间性

4. 部门就是一个团队，加强团队的建设，增强团队的凝聚力，发挥团队的综合效应，是部门主管的一项重要工作。部门主管应有的态度、行为包括（　　）。

 A. 尊重之心   B. 体恤之心   C. 激励鞭策   D. 惩处严厉

5. 执行力包括部门主管个人执行力和部门团队执行力，其主要取决于部门主管是否具有（　　）等。

 A. 正确的工作思路   B. 有效的管理方法   C. 优秀的行动能力   D. 良好的工作习惯

6. 新任主管要做好自我表率，只有这样，才能得到员工与领导鼓励的支持和肯定。自我表率具体表现在（　　）。

 A. 利益为重   B. 以身作则   C. 大局观念   D. 敬业精神

7. 团队建设必须（　　），从而形成一支精英团队，并在激烈的市场竞争中始终保持着优势的地位。

 A. 加强精英的培养工作   B. 设立多个团队目标

 C. 提升个人的综合素质   D. 增强团队整体的综合能力

8. 部门主管的职业道德的基本要求是：（　　）。

 A. 遵守纪律，忠于职守   B. 清正廉洁，奉公守法

 C. 令行禁止、服从安排   D. 忠诚企业，自觉维护企业的经济利益

9. 一个好的部门主管首要练就过硬的岗位工作技能，熟悉本部门的（　　），做好对本部门员工的业务指导，及时解决工作中产生的各种问题，协同工作团队一起完成好本部门的工作目标。

 A. 工作内容   B. 工作要求   C. 管理方法   D. 人员管理

10. 公司总部、门店和部门都有相关指导本部门工作的指导文件，如（　　）等。

 A. 门店运营指导手册   B. 员工工作岗位职责

 C. 员工管理条例   D. 员工奖惩制度

三、判断题

1. 手表定律给予这样的一个启发：对同一个人或同一个组织的管理，不能同时采用两种不

同的管理方法,不能同时设置两个不同的目标,甚至一个人不能由两个人同时指挥,否则难以适从,直接造成企业的经营管理与工作效率的低下。   (   )

2. 从木桶原理中,我们可以发现,木桶的最终储水量,仅取决于最短的那块木板。   (   )

3. 部门主管对部门经理或店长负责,是部门的间接管理者。   (   )

4. 部门主管的执行力是将部门经理、店长或总部的指令变成行动,把行动变成结果的一种能力。   (   )

5. 防损主管工作要求包括加强商品保质期管理,并随时进行检查;负责本区域设备设施的维护和保养。   (   )

6. 沟通漏斗原理是指在工作中,团队沟通效率呈现上升趋势的一种现象。   (   )

7. 在设定目标时要分解目标,按时间变量和经营单元将目标分解为更小的目标,如制订日、周、月度工作任务。   (   )

8. 部门主管是一线操作岗位管理者,承担本部门的工作职责,既是操作技能型人才,又是一位最基层的管理者,需要具备岗位的相关知识技能和管理知识。   (   )

9. 敬业精神是一种基于挚爱基础上的对工作全身心忘我投入的精神境界,核心是奉献精神。   (   )

10. 团队工作目标是指每个团队成员坚信实现这一目标的有效价值,并激励着团队成员为完成这个目标做好各项工作。因此每一个成员的目标都是一致的。   (   )